Endlich im Ruhestand - und jetzt?

Über 100 inspirierende Ideen für ein erfülltes Leben nach der Arbeit

Andreas Bergmann

ENDLICH IM RUHESTAND

UND JETZT?

ÜBER 100
INSPIRIERENDE IDEEN
FÜR EIN ERFÜLLTES LEBEN
NACH DER ARBEIT

Andreas Bergmann

Inhalt

Deutschlands Mehrheit geht in Rente – und was jetzt?

„Was meinen Ruhestand betrifft –
es ist ein endloses Ringen um Kreativität"

– dieses Urteil fällt der 70-jährige Ben Whittaker im Film „Man lernt nie aus" (2015). Der ehemalige Leiter einer Telefonbuchdruckerei langweilt sich in seinem neuen Lebensabschnitt so hoffnungslos, dass er noch einmal als Praktikant in einer Internetfirma anfängt. Neben den witzigen filmischen Verquickungen von Traditionalismus und Hipster-Kultur ahnt der Zuschauer, dass hier ein Problem schwelt, das nicht nur auf der Leinwand existiert. Immerhin scheint Whittakers Darsteller Robert DeNiro, der das Rentenalter selbst bereits um 10 Jahre überschritten hat, ja offensichtlich auch keine Lust zu haben, sich zur Ruhe zu setzen – obgleich er es sich zweifelsohne leisten könnte.

Doch die Sinnsuche im Ruhestand betrifft nicht nur gelangweilte Medienmillionäre und Akademiker – jeder Rentner steht unter dem Druck, sich im Alter von über 60 noch einmal neu zu definieren. Schließlich verschwindet mit der täglichen Arbeit nicht nur die zeitliche Struktur aus dem Alltag, sondern zumeist auch ein großer Teil des persönlichen Empfindens von Selbstwirksamkeit.

Sich dann einfach in den Schaukelstuhl setzen und das Leben der anderen an sich vorbeiziehen lassen? Was frühere Generationen von Rentnern vorgelebt haben – das kann sich die aktuelle Generation 65+ beim besten Willen nicht vorstellen.

Bei den Rentnern der kommenden Jahre handelt es sich um die selbstbewusste und relativ wohlhabende Generation der Babyboomer und Alt-68er, der viele Weltverbesserer und Lebenskünstler angehören. Quicklebendig und erlebnishungrig sehen sie sich beim Eintritt in den Ruhestand zwar am Ende des Arbeitslebens angekommen, stehen aber gleichzeitig am Anfang einer neuen Ära. Umfragen verraten, dass sich zwei Drittel der Neu-Rentner heutzutage rund 10 bis 20 Jahre jünger fühlen als sie es laut Personalausweis sind. Demgegenüber steigt auch die Lebenserwartung der Deutschen stetig: *„Wer heute mit 65 Jahren in Rente geht, hat statistisch noch 20,8 Jahre zu leben“*, bekräftigt Rembrandt Scholz vom Rostocker Max-Planck-Institut für demografische Forschung.

Über 20 Jahre? Da steigt der Druck, rasch und sinnvoll jene Lücke zu füllen, die das weggefallene Arbeitsleben hinterlassen hat.

Und vor eben dieser Herausforderung wird in Zukunft der größte Teil unserer Gesellschaft stehen. Denn: Deutschland altert mit seinen geburtenstärksten Jahrgängen (1955-1969). Aktuell, im Jahre 2019, sind 17,71 Millionen Bürger unseres Landes über 65 Jahre alt. Das ist jeder Fünfte. Im Jahr 2030 wird dann jeder dritte Deutsche der Ruhestands-Altersklasse angehören. Damit besitzt Deutschland nicht nur eine der ältesten Bevölkerungen Europas – seine Gesellschaft steht auch in der Pflicht, den Ruheständlern einen Lebenssinn zu vermitteln, der weit über Heizdeckenverkaufsreisen und Schrebergartenidyll hinausgeht. Denn das Nichtstun zermürbt mit der Zeit die psychische Gesundheit – in „ewigen Ferien“ sah bereits der irische Schriftsteller George Bernard Shaw eine *„brauchbare Arbeitsdefinition von Hölle“*.

Tatsächlich fallen viele Neu-Ruheständler nach dem Wegfall ihrer Arbeit zunächst einmal selbst in ein tiefes Loch. Insbesondere jene, die hoch auf die Karriereleiter geklettert waren und dem männlichen Geschlecht angehören. Sie erleben die Vollbremsung des Arbeitslebens wie einen Schock und finden sich schwerer im neuen Lebensabschnitt zurecht als Frauen, die häufig mehr Wert auf ein soziales Netz neben der Arbeit legen. Manche Karrieretypen erwischt es dann so hart, dass sich ihr Gesundheitszustand rapide verschlechtert und sie nicht mehr viele Jahre ihrer Rente erleben. Die Fachleute haben sogar einen Terminus für die erhöhte Sterblichkeit kurz nach dem Renteneintritt erfunden: den „Pensionierungstod".

Damit es gar nicht in die Nähe einer solchen Krise kommt, sollten Sie sich bereits einige Zeit vor dem Renteneintritt mit Ihrem neuen Ich als Ruheständler befassen. Zahlreiche Tipps dafür haben wir im folgenden Buch zusammengetragen: Es beleuchtet dabei kreative und sportliche Tätigkeiten genauso wie gesellschaftliches Engagement und die Möglichkeiten, nach dem Renteneintritt weiterzuarbeiten. Einige mentale Tricks, die Ihnen Anregungen zu neuen gedanklichen Perspektiven geben wollen, runden die Kollektion ab. Blättern Sie einfach durch, lesen Sie sich fest und lassen Sie sich inspirieren.

Aber bedenken Sie beim Umsetzen: Das Integrieren von Veränderungen in den Ruhestandsalltag funktioniert nicht überstürzt, sondern Schritt für Schritt. Selbst, wenn Sie sich zuweilen in neuen Rollen seltsam vorkommen und sich nicht sicher sind, ob hier Ihr neues Lebensglück liegen könnte – verzweifeln Sie nicht und geben Sie nicht vorschnell auf. Üben Sie spielerisch das „ständige Ringen um Kreativität" und halten Sie es dabei wie Loriot, der als „Pappa ante portas" klug das Lebensgefühl eines Neu-Rentners umreist:

„Das ist mein erster Ruhestand. Ich übe noch."

1 Altersteilzeit? Ja bitte!

Liegt Ihr Ruhestand noch einige Jahre in der Zukunft, aber Sie haben schon jetzt das mulmige Gefühl, der Rentner-Alltag könnte Ihr Leben völlig auf den Kopf stellen? Verständlich. Lachen Sie einfach dagegen an, indem Sie sich noch einmal Loriots Klassiker „Pappa ante portas" zu Gemüte führen.

Hier versucht sich Heinrich Lohse nach Jahrzehnten in einer Produktionsfirma für Abflussrohre ambitioniert als Neu-Rentner im Haushalt nützlich zu machen. Leider scheint ihm durch den Verlust der Arbeitsstelle auch sein Lebenssinn abhandengekommen zu sein. Also vollbringt er die geistige Transferleistung zwischen seiner ehemaligen Position als Leiter der Einkaufsabteilung und den Anforderungen der modernen Haushaltsführung – und ordert Senfgläser, Badezusatz und Bürsten gleich palettenweise. So sei es eben am günstigsten, er habe da schließlich langjährige Erfahrung ... will Lohse seine erschrockene Gattin überzeugen. Was auf der Leinwand die Nerven der Protagonisten strapaziert, beansprucht beim Zuschauer zum Glück nur die Lachmuskeln.

Die Satire erleichtert auch den distanzierten Blick auf das Seelenleben vieler Männer, für die sich mit dem Eintritt in die Rente ein Sinn-Vakuum auftut. Denn *„der Beruf füllt Männer oftmals voll aus"*, erläutert Eckart Hammer, Professor für Soziale Gerontologie an der Evangelischen Hochschule Ludwigsburg. Sein Fazit: *„Männer altern anders"*.

Während Frauen durch ihre „heterogene" Erwerbsbiografie gezwungen werden, sich mit sinnstiftenden Rollen neben dem Beruf zu identifizieren, geraten Männer mit der Rente in die Sinnkrise. Frauen haben gelernt, sich selbst auch als Mutter,

Freundin, sozial Engagierte oder Themensuchende zu begreifen, weil Perioden ohne feste Beschäftigung sie bereits ab ihren Zwanzigern sie dazu zwingen. Männer betreten mit dem Berufseintritt eine Blase aus Branchennetzwerk, Kollegen und Insignien der Macht, die mit dem Renteneintritt unsanft platzt.

Dann merken viele, dass Kollegen eben nicht zum Freundeskreis zählen und wie zäh die Tage sich gestalten können, wenn niemand mehr anruft und keine Meetings mehr angesetzt werden. Diese gähnende Leere, die insbesondere Führungskräften quasi über Nacht ihr Prestige entzieht, beschreibt auch Henning von Vieregge eindrucksvoll im Buch *Halbzeit des Lebens – was nun?* Insbesondere jene, die zur Generation der Babyboomer zählen und die in den kommenden Jahren in Rente gehen werden, trifft dieser Wechsel hart. Wuchsen sie doch mit einem patriarchalischen Rollenbild und in einer wirtschaftlichen Hoch-Zeit auf, die es möglich machte, dass ein Mann alleiniger Ernährer der Familie war.

Doch was hilft gegen den Ruhestands-Blues? Psychologen empfehlen hier die schrittweise Umstellung eher als den harten Schnitt. Wenn Sie die Chance haben, ab 60 oder 62 in Altersteilzeit zu gehen, sollten sie diese Ihrer seelischen Gesundheit zuliebe nutzen. Während die Arbeitszeit reduziert wird, eröffnen sich Freiräume, um herauszufinden, was man mit der gewonnenen Zeit anfangen könnte. Vielleicht gibt Ihnen auch dieses Buch ein paar inspirierende Anregungen dafür.

Wer durch die Altersteilzeit finanzielle Einbußen in der Rente befürchtet, sollte sich den Sachverhalt exakt durchrechnen lassen. Und seine Ansprüche kritisch hinterfragen. Welche Elemente des eigenen Lebensstandards betrachten Sie als essenziell und unverzichtbar? Welche Merkmale sind dagegen verhandelbar? Im Ruhestand geht es schließlich nicht mehr darum, das größtmögliche Maß an Besitz anzuhäufen oder auch nur zu erhalten. Vielmehr wollen Sie das größtmögliche Maß an Sinn, Gesundheit und Genuss aus der vorhandenen Zeit schöpfen.

2 Urlaub fast umsonst – Wohnungstausch und Co

„Warum eine Ferienwohnung für Geld mieten, wenn man die eigene zum Tausch anbieten kann?“

Diese Idee hatten einige junge Lehrer in den 1950er Jahren und sie hoben das Konzept „Wohnungstausch“ aus der Taufe. Während die Tauschbörsen jener Zeiten aufwändig über Kataloge und Briefwechsel liefen, hat das Medium Internet für heutige Interessenten viel erleichtert.

Online können Urlaubsfreudige ihr Haus oder ihre Wohnung zum Tausch anbieten und unter zahlreichen Angeboten ihr Ausweichziel suchen. Das hat gleich zwei Vorteile: Einerseits sparen die Urlauber die Kosten für eine Unterkunft. Eine Tatsache, die gerade dem schmalen Geldbeutel im Ruhestand entgegenkommt. Andererseits tauchen sie im privaten Lebensumfeld ihrer Gastgeber im Ausland weit intensiver in die Kultur und Atmosphäre ihres Ferienziels ein, als es eine mit IKEA-Mobiliar dekorierte Ferienwohnung ermöglicht.

Gleich mehrere Portale haben sich im Netz der Vermittlung von Haustauschern verschrieben. Seiten wie *Haustauschferien.com*, *homelink.de* und *homeexchange.com* basieren dabei auf ähnlichen Geschäftsmodellen: Die Mitglieder zahlen eine Jahresgebühr zwischen 100 und 200 € und können ihre idealen Tauschpartner unter den anderen Mitgliedern suchen. *Homeexchange* arbeitet darüber hinaus mit der virtuellen Tauschwährung *Guestpoints*, die eine Wechselseitigkeit der Nutzung garantieren soll: Wer Gäste beherbergt, bekommt die Punkte gutgeschrieben, wer in einem Tauschhaus residiert, muss sie bezahlen.

Sie fragen sich, wie man Urlauber aus aller Welt für sein Domizil in Deutschland begeistern könnte? Das ist gar nicht so schwer, wie manche vielleicht vermuten würden. Im Zentrum Europas gelegen, kann man selbst ein Haus im Harz als idealen Ausgangspunkt für eine Rundreise quer über den Kontinent präsentieren. Gäste, die aus Übersee anreisen, messen ohnehin mit anderen Entfernungsmaßstäben.

Fremde im eigenen Heim? Manchen Menschen verschafft allein die Vorstellung vom Haustausch eine leichte Gänsehaut. Zugegeben, als Sicherheit steht Ihnen während des Tauschs allein die Wohnung der anderen Partei zur Verfügung. Wichtig ist es deshalb, Tauschverträge aufzusetzen und eine Versicherung abzuschließen, die eventuelle Schäden abdeckt.

Doch insgesamt fallen die Erfahrungsberichte der Tauschtouristen überwiegend positiv aus. Eine Studie der Universität Bergamo deckte auf, dass sich auf Haustauschportalen überwiegend Personen tummeln, die positive Erwartungen in ihre Mitbürger setzen: 75 Prozent von ihnen halten die meisten Menschen für vertrauenswürdig.

Wer dennoch zögert, sein eigenes Heim zum Tausch anzubieten, aber trotzdem gern günstig bei Einheimischen am Urlaubsort wohnen will, sollte *Couchsurfing* ausprobieren. Auf dem gleichnamigen Portal finden Sie Gastgeber aus aller Welt, die Übernachtungsmöglichkeiten anbieten, ohne dafür eine Gegenleistung zu erwarten.

3 Abenteuer Granny-Au-Pair

Wenn Sie es nach dem Abitur versäumt haben, einmal die große weite Welt zu erkunden, können Sie es im Ruhestand unter denselben Bedingungen nachholen. Zumindest für SeniorINNEN bietet der Austausch als „Granny-Au-pair" die Möglichkeit, einige Monate in den USA, Australien oder einem anderen beliebten Reiseland zu verbringen. Die Konditionen sind dabei dieselben, wie beim bekannten Au-pair-Mädchen: Gegen Kinderbetreuung und leichter Mithilfe im Haushalt erhalten die „Gast-Omas" Kost und Logis bei der einheimischen Familie.

Die Idee, neben Schülerinnen und Studentinnen auch Damen von 50+ als Au-Pair ins Ausland zu vermitteln ist gerade einmal ein knappes Jahrzehnt alt. Doch bereits zu Beginn des Programmes konnten sich die Vermittler vor Anfragen kaum retten: So verriet die Inhaberin der Hamburger Agentur *Granny Au-pair* im Interview mit der Zeitung *Die Welt*, dass sie seit 2010 rund 1000 Leihomas in 40 verschiedene Länder dieser Erde vermitteln konnte.

Was die Eltern am Best-Ager-Au-pair schätzen liegt auf der Hand: Die meisten Damen haben selbst Kinder großgezogen und sind daher von aufgeschürften Knien, Quengeln und Zankereien nicht aus der Ruhe zu bringen. Sie widmen sich den Kindern meist mit größerer Aufmerksamkeit als studentische Au-pairs, die sich verständlicherweise von Partys, Liebesleben und Karriereplanung ablenken lassen. Naturgemäß verfügen die Senior-Au-pairs auch über größere Erfahrung in der Haushaltsführung, was manch junger Gastmutter sehr zugutekommt.

Insbesondere Gastfamilien mit kleinen Kindern eröffnet die Granny auf Zeit damit einen einzigartigen Erfahrungsschatz und bietet einen Grad der Verlässlichkeit, der den studentischen Au-Pairs zuweilen fehlt. Kein Wunder also, dass die Grannys sehr gefragt sind. Einziger Minuspunkt im Austauschprogramm: Die Agenturen vermitteln lediglich den Kontakt und erwarten, dass die Vertragspartner jede Modalität bezüglich Kosten, Reise und Versicherung unter sich klären. Ob Sie als Granny-Au-Pair also ein „Taschengeld" erhalten, liegt an Ihrem Verhandlungsgeschick. Im Falle einer vereinbarten Entlohnung müssen Sie jedoch in vielen Ländern ein Arbeitsvisum beantragen und mit der Familie einen Arbeitsvertrag abschließen.

Andere Möglichkeiten für die Gastfamilie, Ihre Leistung zu entlohnen, bestehen in der Übernahme der Reise- oder Versicherungskosten, dem Bezahlen eines Abonnements für die öffentlichen Verkehrsmittel oder der Bereitstellung eines Autos. Damit beide Parteien vollauf zufrieden mit der Konstellation sind, empfiehlt es sich, die Regelungen schriftlich festzuhalten.

Schließlich kommen bei einem langfristigen Auslandsaufenthalt noch weitere organisatorische Fragen auf Sie als Au-pair-Granny zu: Sind Gesundheitsleistungen und Unfälle durch die Europäische Krankenversicherungskarte abgedeckt oder benötigen Sie eine private Auslandskrankenversicherung? Müssen Sie eventuell ein Visum zur Einreise in das gewählte Land beantragen?

Sind alle Fragen geklärt, bietet Ihnen eine Tätigkeit als Granny-Au-pair eventuell die Chance, Fernziele zu entdecken, ohne dass dabei Kosten für Verpflegung und Unterkunft entstehen. Der Focus liegt hier allerdings auf dem Kontakt mit der Familie, insbesondere mit den Kindern, und dem Erleben des Familienalltags in einem anderen Kulturkreis.

4 Boule - Pétanque

Alte Herren, die im Park neben Rotwein und Käse die Kugeln klackern lassen – so sieht das Klischee aus, unter dem der Boule-Sport leidet. Und eben dieses Bild hält vielleicht auch Sie davon ab, mal einen Wurf zu wagen. Doch der Kugelsport, der offiziell Pétanque heißt, distanziert sich scharf vom Bild des Altherrenhobbys und nimmt sich selbst sehr ernst: Jährlich wird eine WM ausgetragen, bei der jedes Land seine vier besten Spieler entsenden darf. Die sind zumindest in den letzten Dekaden deutlich unter dem Renteneintrittsalter gewesen. Als die Pétanque-Weltmeisterschaft 2007 in Thailand gastierte, war die Königinmutter von Eindrücken gar so beeindruckt, dass sie den Sport fortan zum Armee-Pflichttraining erklärte.

Als Gipfel des Bestrebens nach Professionalisierung setzen sich die nationalen Vereine und das Internationale Ausbildungszentrum für Boulesport in Paris aktuell dafür ein, dass der Präzisionssport zur olympischen Disziplin erklärt wird. Bei Olympia 2024 in Paris wollen die Pétanque-Mannschaften mit dabei sein. Strenge Dopingkontrollen werden bei der WM bereits seit einem Jahrzehnt durchgeführt, um endlich mit dem Vorurteil der trinkfreudigen Boule-Spieler aufzuräumen. Hier scheint das Klischee nämlich nah an der Realität zu liegen: *„Vor ein paar Jahren war der Deutsche Meister mal so betrunken, dass er fast vom Siegertreppchen gekippt wäre. Er hat zwischen den Spielen immer mal wieder vom Pastis genippt“*, verrät Boule-Bundesligist Raphael Gharany der *Süddeutschen Zeitung* im Interview. Vielleicht hatten die französischen Gesetzgeber eben doch ein bisschen Recht, als sie das Boulespiel im Jahre 1629 gerichtlich verboten. *„Boule verführt zu lasterhaften Ausschweifungen und ist Ursache sonstiger Unverschämtheiten“*, hieß es damals in der Begründung.

Präzisionssport auf Weltniveau oder Treffpunkt rotweinliebender Pensionäre? Sie brauchen sich über die Extreme keine Gedanken machen, falls Sie Lust bekommen haben, ein paar Kugeln zu werfen. Denn neben den hochfliegenden olympischen Perspektiven ist Boule immer noch ein Spiel, dass jeder sofort lernen kann. Der Ablauf ist simpel:

Sie ziehen einen Kreis von 50cm Durchmesser, der den Abwurfpunkt markiert. Von diesem Kreis aus wird zunächst die kleine Holzkugel, das „Schweinchen" (Cochonnet), etwa 6 bis 10 Meter weit auf das Feld (z.B. ein Kiesbett) geworfen. Anschließend wirft ein Spieler seine etwa 700g schwere Metallkugel so, dass sie möglichst nah am Schweinchen zum Liegen kommt. Der Gegner kann nun versuchen, seine Kugel noch näher am Cochonnet zu platzieren, oder die gegnerische Kugel damit wegzustoßen. Am Wurf ist immer die Mannschaft, deren Kugeln weiter entfernt vom Schweinchen liegen. Am Ende zählen nur jene Kugeln der Siegermannschaft, die näher als die nächste gegnerische Kugel am Schweinchen positioniert sind. Für jede gibt es einen Punkt. Und das Spiel geht in die nächste Runde.

Die einzige Regel, die Sie beachten müssen, ist, beim Wurf nicht über den Kreis hinauszutreten. Und gerade diese Vorschrift ist dann doch wieder ein Zugeständnis an die nicht mehr ganz so jungen Spieler. Warum? Früher spielte man in Frankreich Boule mit 3 Schritten Anlauf, das sogenannte *a la longue.* Als der beliebte Spieler Jules Le Noir aufgrund seines Rheumaleidens nicht mehr in der Lage zum dynamischen Anlauf war, passte sich auch sein Spielpartner daran an und warf die Kugel stehend mit geschlossenen Füßen. „Pieds tanqués" nennen die Franzosen diese Fußhaltung, bzw. „Ped tanco" im bretonischen Dialekt – so wurde „Pétanque" erfunden.

5 Arbeiten Sie an Ihrer Partnerschaft

Wie turbulent das Leben eines Paares durcheinandergewirbelt wird, wenn ER in Rente geht, können Filmliebhaber in Loriots Klassiker *Pappa ante Portas* überspitzt miterleben. Der arme Herr Lohse, der durch die Pensionierung seines Lebenssinns beraubt wurde, versucht seine betriebswirtschaftlichen Qualitäten im Haushalt einzusetzen und treibt seine Gattin damit schier in den Nervenzusammenbruch.

Doch worüber der Komödienzuschauer lacht, ist nicht weit von der Realität entfernt. Als die Psychologen Thomas Holmes und Richard Rahe in den 1960ern eine Skala der größten Stressauslöser für den Durchschnittsbürger aufstellten, entdeckten sie das Konfliktpotenzial des Ruhestands: Die Pensionierung rangiert neben der Scheidung, dem Tod des Ehepartners und einer Gefängnisstrafe in den Top 10 der größten Stressfaktoren des Lebens. Doch auch wenn man nicht selbst, sondern der Ehepartner in Rente geht, erlebt man eine Stressbelastung, die mehr wiegt als Probleme mit dem Vorgesetzten oder Schulden bis 30.000€ Höhe. Fazit: Wenn einer in Rente geht, ist das für beide Partner erstmal kein Zuckerschlecken.

Vor allem dann nicht, wenn die Hoffnungen, die viele Ehefrauen an die neue Lebensperiode richten, nicht in Erfüllung gehen. „*Wenn mein Mann in Rente geht ...*", lautet ein Halbsatz, den Hausfrauen in der Regel mit Träumen von Kreuzfahrten, Reisen und gemeinsamen Freizeitaktivitäten beenden. Worüber sich die wenigsten dabei Gedanken machen, ist, wie der Alltag eines Paars im Ruhestand abläuft. Nicht selten entstehen Spannungen, wenn Frauen vom pensionierten Partner erstmals mehr Hilfe im Haushalt erbitten oder sein Engagement im Haus als Eingriff in ihr „Hoheitsgebiet" empfinden. Hier eskalieren

Konflikte, die sich an Lappalien entzünden, schnell zur handfesten Frage, ob man überhaupt noch zusammenpasst.

Dass sich immer mehr Paare diese Frage mit Nein beantworten, verrät die steigende Scheidungsrate bei Senioren. Aktuell trennen sich doppelt so viele Ehepaare nach der Silberhochzeit wie noch vor 20 Jahren. Berühmte Beispiele wie Entertainer Thomas Gottschalk machen es vor: Auch nach 40 Jahren Ehe bietet eine Scheidung noch eine Perspektive. Das Argument, die späte Trennung lohne nicht mehr, verliert seine Kraft, wenn man weiß, dass man statistisch gesehen noch zwei gesunde Dekaden vor sich hat.

Doch auch für eine Paartherapie ist es deshalb nicht zu spät. Viele Coaches und Psychologen haben sich speziell auf die Probleme von Langzeitpaaren spezialisiert und ermutigen dazu, in der Ruhestandskrise den Versuch eines Neuanfanges zu wagen. Klar ist: Automatisch regelt sich das Rentnerdasein als Paar bei den allerwenigsten ein. Für den Lebensabschnitt nach dem Beruf müssen beide in ihren persönlichen Visionen wenigstens teilweise harmonieren. Soll der örtliche Lebensmittelpunkt verlagert werden? Vielleicht sogar durch das Auswandern in den Süden? Welche Themen sollen den Alltag zukünftig bestimmen? Hier müssen beide Partner ähnliche Ziele verfolgen, um das gemeinsame Leben im Ruhestand fruchtbar gestalten zu können.

Zuweilen deckt die Rente auch auf, was der Arbeits- und Familienalltag lange kaschiert hat: Es fehlen die gemeinsamen Themen. „*Was sollen wir schon zusammen machen?!*“, fragt Loriots Renate Lohse im Film beinahe verächtlich ihren Gatten. Traurig, aber wahr – sie charakterisiert damit die Situation vieler Senior-Paare, die in den Jahrzehnten von Beruf und Kindererziehung mehr nebeneinander denn miteinander gelebt haben.

Doch, der Film bietet auch einen ermutigenden Clou: Anstatt sich gegenseitig in den Wahnsinn zu treiben, strapaziert das Ehepaar Lohse fortan die Nerven seines Publikums mit seinen Auftritten als dilettantisches Blockflöten-Duo. Diese Botschaft trifft den Kern: Finden Sie gemeinsam mit ihrem Partner ein Thema, das Sie beide leidenschaftlich verfolgen wollen – ganz egal, ob es nach außen hin Anstoß erregt. Der Ruhestand ist schließlich eine Zeit, die Sie (idealerweise gemeinsam) genießen sollen – mit Außenwirkung und Image dürfen dagegen Jüngere ihre Lebenszeit verschwenden.

6 Hopfen & Malz

„Es wird bei uns Deutschen mit wenig so viel Zeit totgeschlagen wie mit Biertrinken."

– so ereiferte sich Reichskanzler Otto von Bismarck über die Liebe seiner Landsleute zum Gerstensaft. Als Ruheständler haben Sie jetzt mit hoher Wahrscheinlichkeit ausreichend Zeit zum Trinken und eventuell sogar genug Muße, um sich das Bier vorher selbst zu brauen. Diesen Versuch unternehmen aktuell nicht nur absonderliche Chemiker in Rente, sondern er folgt einem Trend namens „Homebrewing", der im letzten Jahrzehnt zunehmend Hipster und Traditionalisten begeistert.

Dem deutschen Reinheitsgebot sei Dank sind die Zutaten für die Unternehmung auch überschaubar: Malz, Hopfen, Hefe und Wasser – mehr brauchen Sie nicht zur heimischen Bierherstellung, wenn Sie zusätzlich über die geeigneten Gefäße und Behälter verfügen. Auf das nötige Equipment haben sich bereits etliche Online-Shops spezialisiert und bieten den Interessierten einfache „Brau-Kits" mit Zubehör und Zutaten an.

Die Prozedur selbst ist dann auch nicht viel anspruchsvoller als das Einkochen von Marmelade: Zunächst wird Malzsirup gemeinsam mit Wasser aufgekocht, dann kommt der Hopfen hinzu. Die Pflanze kaufen Hobbybrauer meist in Form von Pellets ein. Wenn die Mischung Raumtemperatur erreicht hat, kann die Hefe zugegeben werden – immerhin ist sie ein lebender Organismus, der gemäßigte Temperaturen braucht, um sein Werk zu verrichten. Ihre Arbeit besteht im Gärprozess, der Zucker in Kohlendioxid verwandelt. Damit das beim Bierbrauen unfallfrei vonstattengeht, ist ein bestimmter Gärbehälter vonnöten, dessen spezieller Verschluss den Druck ablässt. Nach vier bis fünf Tagen ist das Bier dann zur Abfüllung in Flaschen bereit. Vier Wochen reifen diese noch im Kühlschrank nach, bevor sie verkostet werden können.

Wer von seiner Kreation dann so begeistert ist, dass er seine gesamte Verwandtschaft damit versorgen will, muss auf die Vorschriften achten: Das deutsche Biersteuergesetz schreibt vor, dass auf Mengen über 200 Liter im Jahr dem zuständigen Hauptzollamt eine Biersteuer zu entrichten ist. Ihre Höhe berechnet man in einer komplizierten Formel anhand des Stammwürzegehalts des Getränks.

Sie betrachten Steuern fürs Hausbrauen als typisch deutsche Pfennigfuchserei? Dann bedenken Sie, dass es bereits ein Zugeständnis bedeutet, den Gerstensaft überhaupt in den eigenen vier Wänden brauen zu dürfen: Seit 1906 war es in nämlich Deutschland verboten, Gerätschaften zur Bierherstellung in den Verkehr zu bringen. Im Jahre 1938 untersagte es die Regierung gar, Rezepte für Bier zu verbreiten. Erst als DIY-Urgestein Jean Pütz in seiner Hobbythek 1982 öffentlich zum Hausbrauen anleitete, wurden diese Beschränkungen wieder aufgehoben.

Aktuell greift die Bierbranche den Trend zum Selbermachen gern auf. „Craft Beer" avancierte zur Bezeichnung von hochwertigen und handgemachten Biersorten. Die großen Brauereien bieten interessierten Bierfans Tage der offenen Tür an und machen sogar ihre Hefe-Banken den Laien zugänglich. Auf den Geschmack gekommen? Zum Einstieg lohnt es sich, eines der zahlreichen Bücher über das Hausbrauen zuzulegen oder online die ersten Informationen zu recherchieren, z.B. bei *hopfenhelden.de.*

7 Weitermachen als Space Cowboy?

Im Science-Fiction-Blockbuster *Space Cowboys* (2000) dürfen vier Astronauten im Ruhestand noch einmal ins All fliegen. Der Grund: Die Jungspunde der NASA werden nicht mit einem außer Kontrolle geratenen und atombewaffneten russischen Satelliten fertig - mit seiner Technologie aus dem Jahr 1958 kennt sich 40 Jahre später schlichtweg niemand mehr aus. Das graue Quartett bewahrt natürlich die Welt vor ihrem sicheren Untergang ... so wie auch in der Realität altgediente Fachkräfte aus dem Ruhestand zurückkehren könnten, um mit ihrem unschätzbaren Know-How junge Kollegen und Geschäftspartner zu unterstützen.

Das plante zumindest die Firma Daimler und entlieh den charmanten Filmtitel für ihr Ehemaligen-Programm. Als Daimler Space Cowboy haben sich seit Start der Initiative im Jahr 2013 bereits 600 Mitarbeiter registrieren lassen und sich in über 11.000 Arbeitstagen in die Abläufe des Unternehmens eingebracht. Dabei profitieren sie nicht nur von ihrem Erfahrungsschatz und Spezialwissen, sondern auch von ihrem seriösen Auftreten, wie der ehemalige Daimler-Abteilungsleiter Peter Linden der FAZ im Interview gesteht. Wenn er in China mit dem Mercedes-Geschäftspartner über den Einsatz von Werkzeugen „made in Germany“ verhandelt, wird eines deutlich:

„Mein Alter verschafft mir einen gewissen Respekt.“

Inzwischen haben viele Unternehmen die Ruheständler als Ressource entdeckt. In der Industrie profitieren vorwiegend Meister, Ingenieure und Führungskräfte von den befristeten Arbeitsprojekten. Den Ruhestand unterbrechen die meisten hier nicht aus finanziellen Gründen, sondern aus Interesse an der

Arbeit. Vorreiter der Senior-Experten-Idee ist eigentlich Bosch, das bereits 1999 seine Tochterfirma BMS (Bosch Management Support) gegründet hat. Seitdem sind 1600 Ruheständler registriert, die insgesamt 60.500 Arbeitstage als beratende Experten absolvierten. Auch Unternehmen wie ABB; Bayer, SMS Siemag, Otto und die Drogeriekette Budnikowsky setzen auf die Weiterbeschäftigung von Ehemaligen im Ruhestand. Die Vorteile sind für alle Seiten ersichtlich: „*Unsere Seniorexperten sind wichtige Leistungsträger. Ihr langjähriges Know-how hilft bei Problemlösungen, liefert neue Ideen und stärkt unsere Innovationsfähigkeit*", erklärt Christoph Kübel, Personalgeschäftsführer der Robert Bosch GmbH im Interview mit der FAZ. Wilfried Porth, Personalvorstand der Daimler AG, stimmt zu: „*Durch die Zusammenarbeit zwischen den Generationen gewinnen wir wertvolle Impulse!*"

Den Wert von Senior-Experten erkennt auch der öffentliche Dienst. 2015 rief das Bildungsministerium Nordrhein-Westfalen das landesweite Projekt „Senior Experten für alle Schulen" aus. Hier unterrichten Fachkräfte wie Chemieprofessoren und Agraringenieure die Schüler über den Regelunterricht hinaus und beraten auch in Fragen der Berufswahl.

Bietet auch Ihr Arbeitgeber eine Tätigkeit als Senior-Experte oder eine Möglichkeit zur Weiterbeschäftigung an? Dann ziehen Sie diese Option ernsthaft in Erwägung. Angst vor zu wenig Freizeit im Ruhestand brauchen Sie nicht zu bekommen, da die Projekte zeitlich in der Regel begrenzt sind. Im Falle von Daimlers Space Cowboys auf maximal 50 Arbeitstage im Jahr. Ihr Gewinn dagegen beinhaltet neben dem Gehaltsscheck auch kontinuierliche soziale Kontakte, Arbeit in bekannten Strukturen und das Gefühl, noch immer sehr gefragt zu sein.

8 Auf Michelangelos Spuren

„Die Kunst besteht darin, dass sie in einem Kunstwerk nicht zu bemerken ist“

– folgt man dieser Definition des römischen Dichters Ovid (43 v.-17 n-Chr.), sind viele Werke der zeitgenössischen Kunst wohl als großartig anzusehen. Denn – stehen Sie nicht manchmal auch vor einem silbernen Kubus oder einer Erdmännchen-Skulptur und bemerken die Kunst darin ... eher nicht? Wenn Sie sogar einen Schritt weiter gehen und denken *„Das könnte ich aber auch!“* - dann versuchen Sie sich doch einmal am Schaffen einer Skulptur.

Dreidimensional künstlerisch zu arbeiten, ist nicht schwer, wenn Sie eine Technik finden, die Ihnen liegt. Spontane Charaktere starten dafür mit Plastiken aus Draht und Papier. Mit starkem Draht oder Maschendrahtgewebe können Sie bizarre Formen entwickeln und das auf diese Weise entstandene „Skelett“ mit Zeitungspapier auffüllen. Dafür können Sie trockenes Papier verwenden, das Sie im Anschluss mit Malerkrepp umwickeln, oder das klassische Pappmache, das Sie mit eingeweichten Zeitungsschnipseln und Kleister anrühren. Tutorials, die alles schrittweise erklären, finden Sie dafür kostenfrei im Internet. Zum Abschluss wird die trockene Skulptur bemalt – zum Beispiel mit einer metallischen Farbe, die ihr den Anschein von Bronze oder Silber verleiht.

Haptisch befriedigender ist die Arbeit mit Ton. Hier können Sie organische und weiche Formen aus dem Material herausmodellieren – müssen jedoch auf Gesetze der Statik achten. Soll eine Tonfigur gebrannt werden, muss sie innen hohl sein. Folglich müssen Sie Porträts, Tiere oder abstrakte Objekte über einem Gerüst oder aus Schichten einzelner Tonwülste aufbauen. Volkshochschulkurse vermitteln die Technik gut und geben auch die Möglichkeit, das geschaffene Stück im hauseigenen Brennofen zu brennen.

Entwickeln Sie dagegen Skulpturen aus Holz oder Stein, müssen Sie keine Sorge haben, dass Ihr Werk zusammenbricht, sondern im Gegenteil viel Geduld beweisen, das Material Stück für Stück abzutragen. Das ist bei weichem Holz relativ einfach, bei Stein schon schwieriger. Der weiche Speckstein bietet hier eine Materialvariante, die für Anfänger leicht zu bewältigen ist. Für Menschen, die den eigenwilligen grau-grünen Look von Speckstein nicht mögen, eignet sich echter weißer Alabaster. Das edle Material lässt sich mit Holzwerkzeugen bearbeiten, zu einer sanften Glätte schleifen und lässt das Licht durchscheinen, so dass es wie ein Halbedelstein wirkt. Für etwa 2 bis 3 Euro pro Kilo erhalten Sie weißen Alabaster im Künstlerbedarfshandel.

Doch edel muss nicht sein. Auch ausgesonderte Metallteile und rostiger Schrott dienen als vielversprechendes Basismaterial zum Erschaffen einer bizarren Skulptur. Wie Sie einen Plasmaschneider bedienen und wie Sie Metallteile durch Schweißen verbinden, lernen Sie am besten in einem Kurs bei einem regionalen Kunstschmied oder in der Volkshochschule.

Falls Sie dekorative Objekte zwar mögen, aber keine Geduld beweisen, so viel Handarbeit einzusetzen, sollten Sie in der Natur auf Schatzsuche gehen. Vom Meer geformte Treibholzstücke oder absurde Steinbrocken sind zuweilen schon „fertige" Kunstwerke. Setzen Sie diese Exponate auf einen Sockel (den bekommen Sie im Künstlerbedarfshandel), dann kann auch keiner Ihrer Hausgäste mehr bezweifeln, dass es sich um Kunst handelt. Und falls doch: Dann belehren Sie den Banausen, indem Sie Ovid zitieren und klarstellen das Kunst eben darin besteht, dass man sie nicht bemerkt.

9 Wecken Sie Ihre Neugier

„Solange man neugierig ist, kann einem das Alter nichts anhaben“

– mit dieser Einschätzung hatte Schauspieler Burt Lancaster wissenschaftlich gesehen völlig Recht. Denn wenn Sie einen Altersforscher fragen würde, welche Eigenschaften am meisten garantieren, dass Ihr Geist bis ins hohe Alter fit bleibt, würde er höchstwahrscheinlich antworten: Neugier und Offenheit. Aus Studien weiß man heute, dass Ältere, die sich mit dem Erlernen neuer Hobbies beschäftigen, ihre Gehirnmasse messbar vermehren können. Die frühere These, ab einem Alter von 30 herrsche nur noch Abbau bei den grauen Zellen, erweist sich damit als Irrtum. Jedes Mal, bei dem sich Menschen über 60 einer ungewohnten Tätigkeit widmen, wachsen auch bei ihnen neue Synapsen und intensivieren die bereits bestehenden Nervenverbindungen. Eine offene Grundhaltung scheint sogar vor Alzheimer zu schützen – von Grund auf neugierige Menschen erleiden das Schicksal Demenz nur halb so oft wie die festgefahrenen Charaktere.

Doch eine neugierige Grundhaltung zu bewahren, ist leichter gesagt als getan. Immerhin hat es einen evolutionären Sinn, dass unser Hirn jeden neuen Eindruck in Sekundenschnelle mit bereits abgespeicherten Erinnerungen vergleicht und uns Entwarnung gibt: *„Das kenn´ ich doch schon.“* Das Leben in bekannten Bahnen spart Energie und Stress. Gerade für Menschen über 65, die sich vom rasanten Wandel der digitalen Welt um sie herum angegriffen, genervt und überfordert fühlen, hat der Rückzug auf Gewohntes eine Schutzfunktion.

Neugierig zu bleiben, bedeutet jedoch nicht, jeden Anglizismus der modernen Welt verstehen und jeden Trend mitmachen zu müssen. Es beschreibt vielmehr eine grundlegende Offenheit für das Erstaunliche im Hier und Jetzt. Nur wenn Sie sich erlauben, die Welt um Sie herum auch einmal durch die Augen Ihres inneren Kindes zu betrachten, beginnt das Leben – wie Best-Ager-Model Greta Silver es ausdrückt - *„zu prickeln wie Brausepulver auf der Zunge“*.

Die Achtsamkeits-Übung *„Der Geist des Anfängers“* eignet sich ideal dafür, Neugier und Offenheit anzuregen. Als Requisit benötigen Sie lediglich ein Stück Obst. Nehmen wir an, es ist Sommer und Sie haben eine Schale Himbeeren gekauft. Greifen Sie sich eine Beere heraus und legen Sie sie auf Ihre offene Handfläche. Versuchen Sie, die Frucht zu betrachten, als haben Sie noch nie eine Himbeere gesehen. Wie würde Sie dann auf Sie wirken? Vielleicht weckt die Symmetrie, in der sich die einzelnen Fruchtkörper anordnen, Ihr Interesse?

Jetzt erkunden Sie die verblüffende Beere mit weiteren Sinnen: Wie fühlt sich die Spannung ihrer Haut an? Welchen Duft verbreitet ihre Reife? Wenn Sie aktiv den Gedanken *„Himbeere. Klar. Kenn´ ich doch längst“* aus Ihrem Bewusstsein verbannen – wie empfinden Sie die Eindrücke dann? Schließlich legen Sie sich die Beere auf die Zunge und beißen hinein. Konzentrieren Sie sich auf das Gaumengefühl und den Geschmack. Aber versuchen Sie beides möglichst unvoreingenommen zu erleben. Was empfinden Sie jetzt?

Mit dem Geist des Anfängers können Sie weit mehr als Himbeeren essen. Würdigen Sie die Blüten in Ihrem Garten, das Gefühl eines weichen Wollgewebes auf Ihrer Haut oder das Lächeln eines geliebten Menschen einmal auf dieselbe Weise. Wenn Sie Ihren persönlichen Kanal der Offenheit und Neugier entdecken, werden Sie merken, dass alltägliche Eindrücke so viel mehr Reichtum beinhalten, wenn man sie bewusst erlebt. Und die geschulte Haltung der Bewusstheit und Achtsamkeit erleichtert es Ihnen wiederum, auch auf neue Erlebnisse unvoreingenommen zuzugehen.

10 Lassen Sie die Eisenbahn-Romantik wieder aufleben

Haben Sie noch immer keine Pläne für Ihren Ruhestand? Dann wird es jetzt aber allerhöchste Eisenbahn! ... Moment mal ... Eisenbahn? Liegen da vielleicht auch in Ihrem Keller noch Kartons, in denen der Schatz Ihrer Kindertage – die Modellbahn – darauf wartet, wieder zum Leben erweckt zu werden?

Wer jetzt verschämt meint, dass sei doch Kinderkram, sollte sich von der Geschichte eines Besseren belehren lassen. Denn ursprünglich, nachdem der britische Ingenieur William Murdock 1784 den ersten Miniatur-Dampfwagen konstruiert hatte, galten Eisenbahnmodelle als exklusive Geschenke für Adel und Oberschicht. Selbst Goethe erhielt von Freunden ein Modell der Lokomotive Rocket als Präsent. Modelleisenbahnen als Spielwaren bot 1886 dann die Firme Bing aus Nürnberg an. Zur Leipziger Messe 1891 präsentierte schließlich der Hersteller Märklin seine Modelle, deren Spurweiten noch immer die Grundlage der aktuellen Normen sind. Das sind in erster Linie die Folgenden:

H0 (Maßstab 1:87): Für die in Deutschland dominierende Spurweite findet man auch das mit Abstand größte Angebot an Rollmaterial (Loks, Wagen, Triebwagen). In diesem Maßstab gibt es leider zwei konkurrierende Systeme, die nur bedingt kompatibel sind.

N (Maßstab 1:160): Die zweithäufigste Spurweite offeriert ebenfalls ein breites Sortiment und auch das Handling der Modelle ist einfach. Für viele N-Freunde ist der kleinere Maßstab und die damit einhergehende, großzügigere Anlagengestaltung ausschlaggebend.

TT (Maßstab 1:120): Diese Spurweite hat historisch bedingt ihre größte Verbreitung in den neuen Bundesländern. Das Angebot an Modellen und Zubehör ist eher übersichtlich.

S (Maßstab 1:45): Dieses Maß ist vor allem in den USA verbreitet.

G (Maßstab 1:22,5): Eigentlich werden diese Bahnen als Gartenbahn bezeichnet und stellen eine Schmalspurbahn dar. Der Vorteil dieser Bahn ist, dass sie sowohl im Freien als auch (bei entsprechendem Platzangebot) in Räumen betrieben werden kann.

Z (Maßstab 1:220): Sie ist mit einer Spurweite von 6,5 Millimetern die kleinste Ausführung und ermöglicht umfangreiche Anlagen auf kleinstem Raum, weist aber auch ein sehr beschränktes Modellangebot auf. Wer allerdings gerne Züge auf längeren, naturalistischen Strecken fahren lassen will, wird im häuslichen Bereich diese Einschränkung in Kauf nehmen und kann dafür relativ natürlich aussehende Landschaften in einem Dachzimmer oder im Hobbykeller unterbringen.

1 oder I (Maßstab 1 :32)

2 oder II (Maßstab 1:28)

3 oder III (Maßstab 1:20)

Wenn Sie sich neu inspirieren lassen wollen und sehen, was möglich ist, besuchen Sie das Miniatur Wunderland in der

Hamburger Speicherstadt. Hier haben die Brüder Gerrit und Frederik Braun die größte Modelleisenbahnanlage der Welt geschaffen. Auf insgesamt 1500m² sind 15.715 m Gleise verlegt (das entspricht 1.367,21 km in „Echtlänge"), die den Besucher durch die ganze Welt führen: den Harz, Skandinavien, die USA; Italien, Monaco und demnächst auch Buenos Aires.

In der digitalen Welt hat sich auch die Modellbahnszene neu organisiert: Während viele Fachgeschäfte aufgrund der sinkenden Nachfrage schließen mussten, boomt der Handel im Internet. Dort findet auch der Austausch in Foren und Ratgebern wie *stummiforum.de* oder *h0-modellbahnforum.de* statt. Bastler finden auf den einschlägigen Seiten sowohl Tipps zum Reparieren, defekte Loks als Ersatzteilespender als auch pragmatische Einfälle, wie man teures Zubehör in der Landschaftsdarstellung mit Improvisationen umgeht. Metallspäne auf den Güterwaggons imitieren bei den Hobbymodellbauern Schrottladungen, transparente Window-Color ersetzt teures „Modellbauwasser" – die Spezialisten wissen sich zu helfen, ihr durchaus kostenintensives Hobby etwas günstiger zu machen, ohne die Naturtreue ihrer Miniwelt zu schmälern.

Falls Sie jetzt auch wieder Lust bekommen haben, gehen Sie doch einfach in den Keller und wecken Sie Ihren Kindheitsschatz aus dem Dornröschenschlaf!

11 Gehen Sie zurück zu Ihren Wurzeln

Woher komme ich eigentlich? Wollten auch Sie dieser Frage schon als Jugendlicher auf den Grund gehen, indem Sie auf staubigen Dachböden in alten Fotoalben schmökerten? Je weiter einen Menschen die eigene Biografie führt und je mehr er die gesellschaftlichen Abläufe der vergangenen Dekaden begreift, desto stärker wird meist auch das Interesse, die eigenen Vorfahren in den historischen Kontext einzuordnen.

Das war vor 50 Jahren noch gar nicht so einfach: Ahnenforscher mussten per Hand alte Dokumente in Archiven durchkämmen, um an Daten und Fakten zu gelangen. Heute hilft dagegen das Internet dabei, in wenigen Klicks verloren geglaubte Informationen über die eigene Familie aufzuspüren. Ein guter Ausgangspunkt der Suche ist ein bereits vorhandener Familienstammbaum mit Namen und Daten Ihrer Großeltern oder gar der Urgroßelterngeneration. Anhand dieser Fakten haben Sie die Möglichkeit, mithilfe von Online-Datenbanken das Netz weiterzuspinnen. Digitalisierte Kirchenbücher sowie Geburts-, Heirats- und Sterbeurkunden enthüllen Ihnen dort Informationen über weitere Vorfahren, sodass Sie den Stammbaum Ihrer Familie ergänzen oder gar um die halbe Welt verfolgen können.

Die Ahnenforschungsdienste im Netz teilen sich dabei in kostenlose und gebührenpflichtige. Das Portal *Familysearch.org* entstand beispielsweise auf Basis einer Initiative der amerikanischen Mormonenkirche und stellt ein Archiv von zahlreichen Dokumenten aus Deutschland, Frankreich und den USA zur Verfügung. Mit 3 Milliarden Datensätzen ist *Familysearch* die größte Ahnen-Datenbank der Welt. Die Basis-Suche nach den eigenen Vorfahren ist hier kostenlos.

Ancestry.de hingegen erhebt eine Gebühr von rund 10€ im Monat, um Interessierten dafür Einblick in die umfangreiche Datenbank zu gewähren. Suchen kann man hier nach Geburts-, Heirats- und Sterbedokumenten sowie nach Dokumenten von Einwanderungsbehörden oder Volkszählungen. Darüber hinaus bietet das Portal gegen Gebühr einen DNA-Test an, der über die ethnische Herkunft der Ahnen aufklären und mögliche Verwandtschaftsverhältnisse zu anderen registrierten Mitgliedern offenlegen soll. Fachleute beurteilen die Aussagekraft des Speicheltests allerdings kritisch.

Über Vorfahren, deren Spur im Krieg verloren ist, kann in vielen Fällen die Seite *www.volksbund.de/graebersuche* Auskunft geben. Hier haben Historiker 4,5 Millionen Einträge zu Gefallenen im Ersten und Zweiten Weltkrieg zusammengetragen.

Wenn Sie sich selbst auf Spurensuche in den Stadtarchiven begeben wollen, sollten Sie bedenken, dass Dokumente des Personenstandsregisters erst nach einer gewissen Frist in das Archiv übergehen und öffentlich einsehbar sind. Diese Sperrfrist beträgt für Sterbeurkunden 30 Jahre, für Heiratsurkunden 80 Jahre und für Geburtenbücher 110 Jahre.

Wenn Sie den Wurzeln der Familie digital auf die Spur kommen konnten, lohnt sich auch die physische Reise in die Vergangenheit: Besuchen Sie den Ort des Wirkens Ihrer Vorfahren. Rekonstruieren Sie aus alten Fotos und historischen Dokumenten, wie das Umfeld damals ausgesehen haben muss. Und ganz wichtig: Halten Sie Ihre Erkenntnisse fest. So erleichtern Sie Ihren Kindern, Enkeln und Urenkeln den Zugang zur Familiengeschichte.

12 Gründen Sie einen Stammtisch

Noch so ein Klischee, gegen das Rentner sich erwehren müssen: Eine Runde älterer Herren trifft sich jeden Donnerstagabend unter Hirschgeweih und Landeswappen im Wirtshaus und diskutiert in biederer Spießbürgerlichkeit über die aktuellen Verfehlungen der Politiker. Mit dieser Veranstaltung einer Gruppe Ewiggestriger, dem „betreuten Trinken“, wie es Aphoristiker Helmut Glasl spitz bezeichnet, will doch niemand etwas zu tun haben!

Doch, wie alles andere in der globalisierten Welt, sind auch Stammtische nicht mehr das, was sie mal waren. Heutzutage treffen sich dort Gleichgesinnte aller Couleur, um Hobbies und Leidenschaften zu diskutieren und politische Initiativen vorzubereiten. Und – man höre und staune – auch Frauen sind im Jahre 2019 am Stammtisch gern gesehen.

Was spricht also dagegen, dass Sie ab sofort ihre eigene bunte Runde aufmachen? Vielleicht eine für Hobbyfotografen, Italienliebhaber oder einfach für Neu-Ruheständler? Wählen Sie ein Interessengebiet, dass Ihnen liegt und das nicht zu schmal gefasst ist, als dass sich nicht in Ihrer Umgebung ein paar Gleichgesinnte finden lassen. Apropos Umgebung: Falls Sie in einem kleineren Ort wohnen, lohnt es sich vielleicht, den Stammtisch in die nächstgrößere Stadt zu verlegen, damit er einen etwas größeren Einzugskreis erhält.

Die goldene Regel beim Stammtischtreffen: Lassen Sie es immer zur gleichen Zeit am selben Ort stattfinden. Also immer am Donnerstagabend um 18 Uhr oder immer am 2. Mittwoch im Monat. Wer dann nicht kann, muss aussetzen. Diese Praxis ist verträglicher als das zähe Diskutieren um den nächsten

Termin, was immer komplizierter wird, je mehr Mitglieder Ihr Stammtisch anzieht. Denn die Gruppe wächst durch den Netzwerk-Effekt: Jedes Mitglied lädt potenzielle Interessenten aus seinem persönlichen Umfeld ein und jene wieder neue Leute aus ihrem Kreis. Und eventuell stößt jemand ganz zufällig hinzu, der im selben Lokal sitzt und Ihre Diskussion aufschnappt.

Das ist nämlich einer der Vorteile des Treffens in der Öffentlichkeit. Hier können sich spontane Kontakte bilden und nach einigen Treffen sind Sie in ihrem gewählten Lokal bereits zur Institution mit eigenem Tisch und eigener Bedienung avanciert. Diesen Luxus genießen zum Beispiel die 110 Stammtische im Münchner Hofbräuhaus. Ihr ältester ist bereits seit 1948 wöchentlich vor Ort. Und selbst im Freistaat haben die erzkonservativen Parolen die „Lufthoheit über den Stammtischen" verloren – hier treffen sich Künstler, Musikstudenten, VW-Golf-Freaks und schwule Eisenbahnfans. Ganz in Übereinstimmung mit der Historie, in der die Stammtische eigentlich als Forum der Querdenker dienten. Karl Marx und Friedrich Engels sollen Mitglieder am Stammtisch „Die Freien" gewesen sein. Herrschende von Fürst Metternich bis hin zu den Nazis schlotterten vor den „Brutstätten des Widerstandes".

Ein passendes Lokal für Ihren Stammtisch wählen sie nach der Größe und der Akustik aus. Immerhin soll die Musik nicht so laut sein, dass man sich kaum unterhalten kann, und doch nicht so andächtige Stille herrschen, dass andere Gäste sich von Ihrer Diskussion gestört fühlen könnten. Wählen Sie ein Lokal, das gut an die öffentlichen Verkehrsmittel angebunden ist. Sorgen Sie außerdem für eine lockere Atmosphäre und verbinden Sie den Besuch des Stammtisches nicht mit allzu streng festgelegten Tagespunkten und Hausaufgaben. Schließlich können Sie, falls Sie für Ihre Sache mehr Mitstreiter begeistern wollen, die lokalen Zeitungen bitten, den Treff in einer ihrer Rubriken zu erwähnen oder gar ein kleines Porträt zu veröffentlichen.

13 Machen Sie sich keine Sorgen mehr!

Karl Pillemer wollte es wissen. Der Professor für Gerontologie und Soziologie glaubte daran, dass Menschen im Laufe ihres Lebens einen Schatz der Weisheit ansammeln, von dem anderen profitieren könnten. Denn wie oft hört man die Sätze *„Hätte ich das vorher gewusst!“* oder *„Hätte mir das doch jemand vorher gesagt!“*, wenn Menschen über ihre Lebenserfahrung berichten. Vielleicht, so dachte Pillemer wohl, könnte man den Lernprozess für viele Menschen etwas abkürzen, wenn man ihnen den gesammelten Erfahrungsschatz von älteren Generationen zur Verfügung stellt.

In diesem Bestreben befragte der Wissenschaftler Tausende von Senioren nach ihren wichtigsten Erkenntnissen. Zum Beispiel nach dem, was sie im Leben am meisten bereuten. Denn das, was die meisten Menschen am Ende ihres Lebens bedauern, sollte wohl jeder tunlichst vermeiden.

Vor Analyse der Resultate gingen Pillemer und sein Team davon aus, dass die typischen Fallstricke des menschlichen Daseins die Umfrageteilnehmer wahrscheinlich am meisten quälen würden. Eine Affäre, eine impulsive finanzielle Entscheidung, eine moralisch fragwürdige Handlung – derartige Fehltritte würde wohl die Mehrheit lieber rückgängig machen.

Die Antwort der Ältesten verblüffte die Forscher dann doch: Ein Großteil der Menschen bereute weder Betrug noch finanziellen Verlust, sondern vor allem die Zeit, in der sie sich mit ihren Sorgen beschäftigt hatten. Denn – so sieht die Erfahrung der Mehrheit aus: Die schlimmsten Befürchtungen werden nie Realität und stehlen uns doch so viel unserer guten Stimmung und unserer Lebenszeit. Mark Twain brachte es humorvoll auf den Punkt mit der Aussage:

„Ich habe viele schreckliche Dinge in meinem Leben erlebt. Das meiste ist davon zum Glück nicht passiert.“

Was können Sie also aus der Weisheit der Hochaltrigen lernen? Hören Sie ab sofort damit auf, sich Sorgen zu machen! Das ist der konstruktivste Vorschlag, um nach dem Renteneintritt die Dekaden, die jetzt vor Ihnen liegen, maximal genießen zu können. Sie finden, das sei leichter gesagt, als getan? Wohl wahr. Doch mit einigen Gedankenübungen kommen sie Ihren inneren Negativspiralen schnell auf die Spur:

Fragen Sie sich, wenn Sie negativ über die Zukunft nachdenken, wie wahrscheinlich das Schreckensszenario, das sie sich in Ihrem Kopf ausmalen, tatsächlich eintritt. Lassen sich praktische Vorsichtsmaßnahmen zur Verhütung eines Schadens ergreifen? Oder liegt das, dem Sie Ihre angestrengte Grübelei widmen, allein „in Gottes Hand“? Sorgen sind verführerisch, weil sie uns suggerieren, dass wir uns vor Schicksalsschlägen schützen könnten, wenn wir sie nur oft genug sorgenvoll bedenken. Das trifft nicht zu – manchmal wirkt es sogar, als sei das Gegenteil wahr. Das einzige, was Sorgen aktiv tun, ist Ihnen Ihre gute Laune und Ihre wertvolle Zeit stehlen. Machen Sie sich das bewusst. Und begegnen Sie den Grübelschleifen mit einem aktiven „Stopp!“ im Geiste. Stellen Sie sich dazu ein physisches Stoppschild vor, zerschneiden Sie ihre Gedankenschleife imaginär mit einer Schere oder packen Sie Ihre Sorgen in einen Güterzug, der auf dem Weg ins Nirgendwo vor ihrem geistigen Horizont verschwindet. Je öfter Sie diesen Umgang mit unnötigen Sorgen spielerisch üben, desto stärker prägt er Ihr Denken positiv und verschafft Ihnen eine gute Zeit im Ruhestand.

14 Nutzen Sie Social Media

„Facebook wird zum Seniorentreff",

titelte jüngst ein Online-Medien-Magazin. Was provokant klingt, lässt sich mit harten Daten unterfüttern: Während das Portal in den Jahren 2017 bis 2018 viele Nutzer im Alter zwischen 14 und 19 Jahren verlor (minus 28 Prozentpunkte), verzeichnete es bei den über 60-jährigen Usern einen Zuwachs von 23 Prozentpunkten.

Laut dem Datenportal *statista* nutzen aktuell insgesamt 1,5 Millionen *„Silver Surfer"* über 65 Jahren die Möglichkeit der sozialen Vernetzung auf Facebook. Fast 3 Millionen User hat das Portal in der Gruppe der über 55-Jährigen – damit ist Facebook das beliebteste soziale Medium für Senioren. Falls Sie selbst noch keinen Account besitzen, sollten sie mit Eintritt in den Ruhestand ernsthaft darüber nachdenken: Die Chance ist groß, dass sie viele Ihrer Jahrgangsgenossen dort antreffen. Damit eignet sich Facebook auch besonders gut zum Wiederfinden von Schul- und Studienfreunden, die Sie aus den Augen verloren haben.

Das Kontakthalten mit Familienmitgliedern im Ausland oder den lieben Enkeln erleichtert die digitale Technik ebenfalls. Und schließlich bietet sie eine Bühne für Hobbys aller Art. Ganz gleich, ob Sie malen, fotografieren, gärtnern, schnitzen oder Kreuzfahrten machen - über Facebook und Instagram eröffnen Sie die Früchte Ihrer Leidenschaft einem weltweiten Publikum. Schnell finden sich auch Gruppen mit gleichen Interessen zusammen und fördern einen regen Austausch.

Wenn Sie eine Botschaft zu vermitteln haben oder gern Sachverhalte erklären, könnten Sie auch einen persönlichen Blog starten. Vielleicht sogar einen eigenen YouTube-Kanal, auf dem Sie der Moderator Ihrer eigenen Erklär-Videos sind. Das will keiner sehen, denken Sie? Das Gegenteil ist der Fall. Nehmen Sie sich ein Beispiel an der inzwischen siebzigjährigen Greta Silver. Sie folgte Udo Jürgens bekannter Devise, nach der das Leben mit 66 Jahren erst so richtig anfängt, und begründete in eben diesem Alter ihren YouTube-Kanal „*Zu jung fürs Alter*“.

In ihren Clips berichtet Silver sowohl über Freizeitgestaltung im Ruhestand als auch über Themen, die nicht nur ihre Altersklasse seelisch bewegen. Positives Denken, Selbstliebe und Tipps zum alltäglichen Glück interessieren, wie das Feedback der Kommentare erkennen lässt, sämtliche Altersklassen. Über 18.000 Abonnenten konnte der Videokanal erreichen, seit er „on Air“ ging.

Falls dieses Beispiel bei Ihnen die Lust weckt, sich selbst aktiver im Netz zu agieren, lassen Sie sich nicht durch Unsicherheiten aufhalten. Die erforderliche Technik ist nach ein paar Durchläufen leicht zu bewältigen und die Portale sind bedienerfreundlich aufgebaut. Und falls doch Probleme auftauchen, bietet dies eine optimale Gelegenheit, sie mithilfe von internetaffinen Enkeln, Kindern, Nichten oder Neffen gemeinsam anzugehen.

15 Mit 70 noch E-gitarre lernen?

Was Hänschen nicht lernt, lernt Hans nimmermehr

– dieser Spruch diente im letzten Jahrhundert vor allem dazu, Kindern in der Schule eine schwere Zeit zu bereiten. Streng dich jetzt an, später ist es vielleicht zu spät. Haben Sie selbst in der Grundschule Ähnliches zu hören bekommen? Wenn ja, haben Sie es eventuell unbewusst verinnerlicht und stellen sich damit im Ruhestand selbst ein Bein. Wollten Sie schon immer Klavier, Gitarre oder sogar Geige spielen lernen und sind nie dazu gekommen? Das macht gar nichts, denn für das Lernen eines Instruments ist es erwiesenermaßen NIE zu spät.

Dieser Meinung sind auch Deutschlands Musikpädagogen, die aktuell mehr als 15.000 Schüler im Alter von über 65 Jahren im Flötenspiel, Piano und weit exotischeren Instrumenten unterrichten. Die Gruppe ist dennoch klein, denken Sie? Immerhin hat sich die Anzahl der älteren Musikschüler in den vergangenen 20 Jahren mehr als verdreifacht. Immer mehr Musikliebhaber im Ruhestand entdecken neu für sich, dass sie Klänge nicht nur passiv genießen, sondern auch selbst erzeugen wollen.

Auch im Hinblick auf Ihre Gesundheit ist es eine gute Entscheidung, sich zu überwinden und doch noch Ihr Trauminstrument zu lernen. Wissenschaftler konnten nachweisen, dass sechsmonatiger Klavierunterricht bei Probanden zwischen 60 und 85 Jahren deutliche Verbesserungen der Gedächtnisleistung auslöste. Darüber hinaus zeigen weitere Untersuchungen, dass Musizieren vor Einsamkeit, Depressionen und Demenz schützt.

Welches Instrument erwachsene Anfänger erlernen wollen, ist dabei laut Fachleuten irrelevant. Zwar haben Tasteninstrumente gegenüber Streich- und Blasinstrumenten den Vorteil, dass der Ton mit einem Anschlag „bereits da ist“, anstatt mit Finger- oder Mundfertigkeit erzeugt werden zu müssen, doch zählt vor allem die richtige Motivation. Wer in seinen Träumen Geige spielen will, sollte nicht auf eine Ersatzlösung ausweichen und „mit etwas Leichterem anfangen“. Auch Senior-Schüler erlernen schwierige Instrumente, wenn sie genügend Geduld und Motivation aufbringen.

Hier hilft es vor allem, gleich zu Beginn konkrete Vorstellungen zu haben, was Sie erreichen wollen. Etwa ein bekanntes Stück beherrschen wie Beethovens „Für Elise“? Die Familie an Weihnachten musikalisch beim Singen begleiten? Oder mit anderen zusammen in einer Band oder in einem Orchester spielen? Wie man auch im Alter noch eine Karriere als Rockband starten kann, zeigt der Film „Die Spätzünder“ auf humorvolle Weise. Und spätestens seit der letzten Rolling-Stones-Tour sollte die Welt an den Anblick grauhaariger Gitarrengötter gewöhnt sein.

Das einzige, was noch ein bisschen schöner ist, als ein neues Instrument zu erlernen, ist es, eine alte musikalische Leidenschaft wieder aufleben zu lassen. Gehören Sie auch zu jenen, die als Kind viele Klavierstunden hatten, aber Ihr Talent dann im Laufe des Lebens irgendwann aus den Augen verloren haben? Hier sollten Sie unbedingt wieder anknüpfen. Sie werden verblüfft sein, wie sich Finger und Ohr auf einmal wieder an Klänge und Bewegungen erinnern, die etliche Dekaden zurückliegen.

16 Lernen Sie Golf

Im Schnitt verbringen Frauen in Deutschland täglich 6,7 Stunden im Sitzen; Männer sogar 7,1 Stunden. Vor 100 Jahren absolvierte der Durchschnittsmensch pro Tag 20 Kilometer Fußmarsch – heute sind es weniger als 10 Prozent davon. Sah Ihr Arbeitsleben der letzten Dekaden ähnlich unbewegt aus?

Wenn ja, dann sollten Sie den Ruhestand dazu nutzen, sich selbst wieder etwas in Bewegung zu bringen. Und zwar moderat und langfristig. Dafür ist das Golfspielen eine der besten Methoden. Hier verbringen die Spieler im Schnitt vier bis fünf Stunden an der frischen Luft und bewegen sich in moderatem Tempo. Neben dem verbessern Ihres Handicaps lernen Sie beim Spazieren über das Green Ihre Spielpartner besser kennen und knüpfen Kontakte. Eigentlich ein idealer Sport für Ruheständler, denn er lässt sich perspektivisch bis ins hohe Alter verfolgen und man findet auch auf Reisen weltweit Gleichgesinnte.

Um sich mit Golf anzufreunden, müssen Sie eventuell zuerst das Klischee der versnobten Elite-Golfer vergessen. Das ist ohnehin nur in Europas Köpfen verbreitet – in anderen Ländern wie beispielsweise Australien gilt Golf bereits seit je her als breiter Volkssport. Doch das wachsende Interesse durch aller Alters- und Gehaltsklassen hat neuerdings auch hierzulande den Golfsport erschwinglich gemacht: Hochwertige Schlägersets erhalten Sie bereits ab 300 Euro und auch die Kursgebühren und Clubmitgliedschaften sind verträglich geworden.

Wagen Sie den Einstieg zu Beginn mit einem Schnupperkurs. Der dauert in der Regel drei Einzelstunden à 60 Minuten und arbeitet mit einer Leihausrüstung. Wie das Spielen eines Instruments lässt sich auch der Umgang mit dem Golfschläger in jedem Alter von Grund auf lernen. Spezielle Kurse für ältere Einsteiger sind didaktisch so aufbereitet, dass der Spieler möglichst schnell auf den Platz kommt und erste Erfolge erzielt. Wer Gefallen daran gefunden hat, kann seiner neuen Leidenschaft auch im Urlaub nachgehen. Viele Reiseveranstalter organisieren Golfkurse an beliebten Ferienzielen.

Im Ergebnis begeistert die Atmosphäre aus dem Verfolgen persönlicher Leistungsziele, neuer sozialer Kontakte, dem Aufenthalt unter freiem Himmel und der verbesserten Fitness viele Neu-Golfer im Ruhestand. Und die Erfolge sprechen für sich. Bereits nach 8 Wochen Training erzielen auch Senior-Einsteiger im Golf etwa 50-prozentige Zuwächse in der Kraft und deutliche Verbesserungen der Abschlagweite. Hier liegen sie mit jüngeren Spielern gleichauf.

Sorgen über Verletzungen und Verschleißerscheinungen sind bei der richtigen Technik unbegründet: Sportwissenschaftler der Technischen Universität München und professionelle Golftrainer haben gemeinsam die sogenannte Carving Golf Technik entwickelt, die speziell Rücksicht auf körperlich eingeschränkte Spieler nimmt. Mithilfe einer vereinfachten Schlagtechnik, die auf einer physikalischen Pendelbewegung basiert, reduziert der Spieler seinen aktiven muskulären Krafteinsatz und arbeitet körperschonender. Auf diese Weise ist Golf sogar mit vorhandenen Einschränkungen wie Hüftarthrose möglich und vergnüglich.

Den Sport bis ins hohe Alter beizubehalten ist ohnehin ein guter Vorsatz für die Gesundheit. Immerhin konnte eine schwedische Studie nachweisen, dass aktive Golfer eine 40 Prozent geringere Sterbewahrscheinlichkeit haben als Altersgenossen mit anderen Hobbys. Ihre Lebenserwartung verlängerte sich zudem statistisch um 5 Jahre.

17 Werden Sie Ihre Laster endlich los!

„Wille braucht man. Und Zigaretten.“

– Das antwortete der 89-jährige Ex-Bundeskanzler Helmut Schmidt auf die Frage, wie er denn sein hohes Arbeitspensum bewältigen könne. Wollen Sie sich im Ruhestand an dieser Devise orientieren? Oder planen Sie, das Arbeitspensum deutlich zurückzuschrauben? Wenn ja, dann könnten vielleicht auch die Zigaretten (oder das Glas Wein zu viel) damit weichen …

Insbesondere Raucher ab einem gewissen Alter betonen gern scherzhaft, jetzt sei es „ohnehin zu spät, aufzuhören“. Man zieht Ausnahmeerscheinungen wie Helmut Schmidt oder Winston Churchill („*No Sports*“) gern dazu heran, seinen Lebensstil zu rechtfertigen und verliert dabei die durchschnittlichen Risiken aus den Augen: Etwa 9 von 10 männlichen Patienten mit Lungenkrebs haben ihn vermutlich durch das Rauchen bekommen. Bei Frauen ist es die Hälfte der Betroffenen. Insgesamt 45.000 Menschen sterben jährlich in Deutschland an der Krankheit.

Wer jetzt glaubt, seine Gesundheit über die vielen Raucherjahre im Beruf bereits so belastet zu haben, dass nichts mehr rückgängig zu machen ist, irrt: Forscher wiesen nach, dass sich auch im Alter das Risiko für einen Herzinfarkt oder Schlaganfall durch einen Rauchstopp deutlich verringert. Bei der Analyse von Daten von insgesamt 8807 Teilnehmern im Alter von 50 bis 74 Jahren entdeckten Wissenschaftler aus Heidelberg, dass die Raucher ein doppelt so hohes Risiko trugen wie Nichtraucher. Doch die Ex-Raucher erlitten der Studie zufolge fast ebenso selten einen Herzinfarkt oder Schlaganfall wie jene Testpersonen, die niemals geraucht hatten. Um von der gesundheitsförderlichen Wirkung zu profitieren, mussten die Probanden noch nicht einmal jahrzehntelang abstinent gewesen sein. Verglichen mit Rauchern sank ihr Risiko für Herzinfarkt und Schlaganfall bereits innerhalb der ersten 5 Jahre nach der letzten Zigarette um 40 Prozent.

Nicht mehr arbeiten zu müssen, bietet Ihnen eine gute Gelegenheit zur Entwöhnung, wenn Sie die Mechanismen verstehen, die Sie zur Zigarette greifen lassen: Über die Aktivierung verschiedener Rezeptoren im Gehirn löst der Glimmstängel eine Ausschüttung des Hormons Dopamin im sogenannten „Belohnungszentrum", dem *nucleus accumbens*, aus. Mit derartigen Dopaminwellen signalisiert das Gehirn dem restlichen Organismus eigentlich, dass er etwas tut, das ihm beim Überleben hilft. Zuckerreiche Früchte, Fortpflanzungsaktivitäten – all jene lustvollen Errungenschaften quittiert das menschliche Gehirn seit Jahrmillionen mit der Ausschüttung von Glückshormonen, um das Individuum lernen zu lassen, was es für die besten Überlebenschancen anstreben sollte. Eben das, was sich wirklich gut anfühlt.

Ärgerlicherweise nutzen Drogen diesen evolutionären Mechanismus aus und suggerieren dem Abhängigen, er täte hier etwas Lebenswichtiges. Raucher lernen außerdem, die kleinen Dopaminkicks gezielt einzusetzen: In der Pause, nach stressigen Meetings, vor stressigen Meetings - in jedem Moment des Unbehagens hilft die Zigarette, die Laune zu bessern. Das Fatale: Das Gehirn gewöhnt sich an die ständige Verfügbarkeit und straft den Rauchstopp mit Stress und schlechter Laune ab. Doch – anders als bei harten Drogen – normalisiert sich der Dopaminstoffwechsel bei Ex-Rauchern nach etwa 3 Monaten wieder. Sie müssen also nur lang genug durchhalten.

Hierbei hilft Ihnen auch ein neu gestalteter Zeitplan im Ruhestand. Schließlich fallen die unangenehmen Ereignisse im

Job, vor denen Sie sich mit einer Zigarette wappnen mussten, ersatzlos weg. Ebenso hängen Sie nicht mehr in derselben Pausenroutine. Versuchen Sie stattdessen, viele andere Dinge zu unternehmen, von denen Sie wissen, dass sie bei Ihnen ebenfalls Glücksmomente auslösen: Kulinarisches aber auch sportliche Aktivitäten, ein kniffliges Hobby oder das Engagement in einer Gruppe. Wenn Sie Ihre Woche abwechslungsreich gestalten und dabei Zufriedenheit finden, haben Sie eine gute Chance, Ihre Laster mit dem Arbeitsleben gemeinsam über Bord zu werfen.

18 Jonglieren fürs Gehirn

Dieser Vorschlag ist weniger als Lebensperspektive gedacht, denn als Experiment für einen regnerischen Nachmittag. Das Jonglieren mit Bällen lässt sich mit etwas Geduld relativ schnell erlernen und hat verblüffende Effekte auf das menschliche Gehirn. Bereits 3 Minuten Jonglieren schärfen unmittelbar die Konzentration und heben die Stimmung. Und machen Sie, falls Sie es möchten, zum Star auf dem nächsten Kleinkindergeburtstag der Enkel.

Die erste Übung ist denkbar einfach: Winkeln Sie die Arme an und halten Sie sie vor Ihren Körper, als würden Sie ein Tablett tragen. Nun werfen Sie einen Ball im Bogen von einer Hand in die andere und wieder zurück. Das erscheint Ihnen einfach? Dann können Sie die zweite Übung anschließen:

Hier halten Sie in jeder Hand einen Ball. Während die rechte Hand ihren Ball im Bogen zur linken wirft, wie in der vorherigen Übung, reicht die linke ihren Ball darunter auf einer waagerechten Strecke zur Rechten. Versuchen Sie, diese Technik des gleichzeitigen Werfens und Weiterreichens in beide Richtungen zu beherrschen.

Übung Nummer drei beschreibt ein Kreuzen der Arme: Zunächst werfen beiden Hände aus der „Tablethaltung“ mit vorgestreckten Armen je einen Ball gleichzeitig senkrecht in die Höhe. Überkreuzen Sie danach rasch die Arme und fangen Sie den rechten Ball mit der linken Hand und umgekehrt.

Bei Übung Nummer vier nähern wir uns dem endgültigen Ablauf beim Jonglieren. Halten Sie einen Ball in jeder Hand.

Werfen Sie den rechten Ball im Bogen zur Linken. In dem Moment, in dem der Ball den Scheitelpunkt seiner Flugbahn erreicht, werfen Sie den linken Ball im Bogen zur rechten Hand. Jetzt fangen Sie den Ball, der von rechts kam, mit der linken Hand und den Ball, der von links kam, mit der Rechten.

Wenn Sie diese Technik sicher beherrschen, sind sie bereit für die Drei-Ball-Jonglage: Hier hält die rechte Hand zwei Bälle. Der Ablauf funktioniert folgendermaßen: Rechts wirft einen Ball nach links. Wenn dieser den Zenit des Bogens erreicht, wirft die linke Hand ihren Ball nach rechts. Wenn dieser den Höhepunkt der Flugbahn erlangt, wirft die rechte Hand, die ja noch einen Ball hält, ihren zweiten Ball nach links. Ein Ball ist stets in der Luft. Es wird immer dann geworfen, wenn der Ball aus der Gegenrichtung am höchsten Punkt des Bogens ist. Eigentlich ganz simpel – es ist nur etwas Übung erforderlich.

Zugegeben, ohne Illustration ist das Jonglieren schwer zu lernen – schauen Sie sich doch einfach eins der zahlreichen Erklär-Videos auf YouTube dazu an. Und machen Sie eine kleine persönliche Herausforderung daraus – es lohnt sich! Beim Jonglieren wird die 300 Millionen Nervenzellen starke Verbindung zwischen rechter und linker Gehirnhälfte besonders stark stimuliert. Das fördert das Wachstum von Nervenzellen und steigert das Gehirnvolumen. Auch die Sauerstoffzufuhr der grauen Zellen steigt. Stresshormone werden abgebaut, das Glückshormon Dopamin ausgeschüttet und das Selbstvertrauen nimmt zu. Und neben den 12 Euro für drei Jonglierbälle kostet Sie diese wundervolle Frischzellenkur nur etwas Durchhaltevermögen.

19 Machen Sie Urlaub in Deutschland

„Man weiß nicht, was man an der Heimat hat, bis man in die Ferne kommt“,

sagt ein deutsches Sprichwort. Wenn Sie dieser Devise stets gefolgt sind und Ihr Arbeitsjahr regelmäßig ein-bis zweimal damit unterbrochen haben, eine Reise ins sonnige Südeuropa zu unternehmen, bietet Ihnen der Ruhestand jetzt die wundervolle Gelegenheit, zu entdecken, „was Sie an Ihrem Heimatland haben“. Nicht mehr an Termine gebunden, verreisen Sie zum Erkunden der Highlights von Good Old Germany idealerweise abseits der Schulferien und in der Nebensaison. Das spart Geld und reduziert Stress. Als kleine Inspiration für Ihren nächsten Trip kann Ihnen die folgende Liste der deutschen Top-Reiseziele dienen:

Die Ostseeküste

Zugegeben, Städte wie Binz auf Rügen, Heringsdorf auf Usedom oder Heiligendamm bei Rostock sind lange keine Geheimtipps mehr. Doch die östliche Küste Deutschlands hat noch weit mehr zu bieten. Die malerischen Hansestädte Greifswald, Lübeck, Stralsund und Rostock bieten sich für eine Tagestour an, während sich die Landstriche dazwischen gut mit dem Wohnmobil erkunden lassen.

Der Harz

Deutschlands grüne Mitte gruppiert sich um den 1141 m hohen Brocken. Auch als „Blocksberg“ bekannt, dient er am 1. Mai den Hexen und Hexenfreunden, welche die Walpurgisnacht feiern, als mystische Kulisse. Statt auf dem Reisigbesen können Sie aber bequem mit der Harzer Schmalspurbahn anreisen, die von historischen Dampflokomotiven angetrieben wird. Auch abseits des Brockens besticht die Landschaft durch märchenhafte Wälder und Wanderwege, beeindruckende Tropfsteinhöhlen und idyllische Skigebiete.

Das Allgäu

Schlösser und Skipisten sind wohl die bekanntesten Ziele der Landschaft zwischen Bodensee, Donau und Lech. Falls Sie es noch nie im Leben besucht haben, werfen Sie einen Blick auf das Märchenschloss Neuschwanstein und verbinden Sie den Trip mit einer Wanderung oder einer Radtour durch die umgebende Landschaft. Wer dann müde ist, kann sich in einem der zahlreichen Wellness-Hotels mit Moorpackungen, Heu- und Ziegenbuttercremebädern verwöhnen lassen.

Die sächsische Schweiz

Wind und Wetter haben hier im Osten Deutschlands den Sandstein über Jahrtausende in bizarre Felsformationen verwandelt. Am besten können Sie diese Naturattraktionen auf einer Bootstour entlang des Elbufers oder bei den Wanderungen durch das Gebirge bestaunen. Zu den meistbesuchten Attraktionen zählt die Bastei, eine Felsformation mit Aussichtsplattform nah der Gemeinde Lohmen zwischen Rathen und Wehlen. Ein Besuch lohnt sich auch auf der Festung Königsstein, einer der größten Bergfestungen Europas, die einen spektakulären Ausblick über das Elbtal bietet. Sportliche erkunden die Landschaft per pedes auf dem 112 Kilometer langen Malerweg, der im Rundweg in 8 Etappen von Pirna bis an die tschechische Grenze und wieder zurückführt.

Der Schwarzwald

Kirschtorte und Kuckucksuhr gelten als „internationale" Wahrzeichen des Schwarzwaldes – zumindest prägen sie das touristische Bild von Deutschland auf der ganzen Welt mit. Das höchste deutsche Mittelgebirge lockt darüber hinaus auch einheimische Urlauber mit wunderschönen Rad- und Wandertouren, die am Abend in den Genuss regionaler Köstlichkeiten münden. Auch Städte wie Freiburg, Bruchsal und Baden-Baden sollten Sie besuchen, sofern Sie es bislang verpasst haben.

20 Finden Sie Ihren grünen Daumen

Nicht jeder Rentner lebt ein Klischee und verbringt den Sommer in seiner Parzelle der Kleingartenkolonie – viele Neu-Ruheständler haben während ihrer Berufszeit kaum etwas für Pflanzen übriggehabt. Kein Wunder, denn die Monstera im Büro hat wahrscheinlich die Sekretärin versorgt und auch die Grünlilie auf dem Schreibtisch verzeiht viel Vernachlässigung. Wer von sich glaubt, eigentlich nie einen grünen Daumen besessen zu haben, sollte dies nicht als Mangel begreifen, sondern als Chance, im Ruhestand echtes Neuland zu entdecken. Besonders viel Freude macht neben bunten Blüten dabei auch das Ziehen von Pflanzen, deren Früchte Sie am Ende der Saison genießen können.

Eine Herausforderung im Gärtnern: Viele Ruheständler ziehen, nachdem die Kinder aus dem Haus sind, aus dem geräumigen Eigenheim mit Garten wieder in eine bequeme Wohnung in der Stadt. Als potenzielle Anbaufläche für Obst und Gemüse bleiben hier lediglich Balkon und Terrasse. Doch darauf sind die aktuell erhältlichen Sorten von Topf- und Kübelpflanzen perfekt eingestellt. Mit den folgenden Arten gelingt Ihnen der Anbau selbst auf kleinstem Raum und Sie folgen ganz nebenbei dem topaktuellen Trend des *Urban Gardening*.

Erdbeeren

Der deutsche Obst-Klassiker gibt das ideale Balkon-Obst ab. In Blumenkästen, Hängeampeln oder als Bodendecker unter einem Hochstammgewächs im Kübel – überall findet sich ein Plätzchen für die süße Beere. Und dabei können Sie, wenn Sie geschickt verschiedene Sorten kombinieren, den ganzen Sommer lang die Früchte ernten. Erdbeersorten wie „Polka“ und

„Sonata“ reifen früh, während „Elan“ und „Mara du Bois“ bis in den September hinein Früchte tragen. Rosa blühende Arten wie „Viva Rosa“ bieten darüber hinaus dem Auge ein Highlight. Die Pflege gestaltet sich denkbar einfach: Halten Sie den Topfballen stets feucht und entfernen Sie überflüssige Ausläufer der Pflanze, damit ihre ganze Kraft in die delikaten Früchte geht.

Tomaten

Sie haben zu Unrecht den Ruf, schwer anzubauen zu sein. Denn das einzige, was Tomaten wirklich brauchen, ist die pralle Sonne und genügend Wasser. Wenn Sie das Gießen nicht vergessen, sind diese Bedingungen auf einem Südbalkon ideal gegeben. Große Sorten brauchen zum Reifen einen Kübel, der etwa 40 Liter Erde fasst – kleines Naschgemüse reift in wesentlich knapper bemessenen Behältern heran. Zum Glück ist die Auswahl an Tomatensorten in den vergangenen Jahren deutlich gewachsen: gelb, schwarz, gestreift oder pflaumenförmig – alle Varianten bekommen Sie auch als Balkonvariante. Idealerweise stellen Sie der Tomate eine Rankhilfe zur Verfügung, an der Sie die Triebe zur Sicherung gegen Wind fixieren. Im Spätsommer können Sie dann Ihre ersten selbstgezogenen Zutaten für ein Caprese genießen – vorausgesetzt Sie legen zusätzlich noch einen Kräuterkasten mit Basilikum an.

Zucchini

Zucchinis sind kinderleicht anzubauen. Wenn Sie es sich einfach machen wollen, kaufen Sie nach der Frostperiode eine Jungpflanze und setzen sie in einen Kübel mit etwa 20 Litern nährstoffreicher Erde. Der sollte sich an einem möglichst sonnigen Platz des Balkons befinden. Ist dieses Szenario erreicht, heißt es ab jetzt nur noch: gießen, gießen, gießen. Denn Zucchinis sind außerordentlich durstig und müssen an heißen

Sommertagen zuweilen auch mehrfach gewässert werden. Am besten mit abgestandenem Wasser auf Umgebungstemperatur und nicht mit kaltem Wasser aus der Leitung. Zum Dank für die Aufmerksamkeit belohnen sie den Hobbygärtner dann mit reicher Ernte.

Sind Sie auf den Geschmack gekommen? Falls Ihr Balkon sich dann in den kommenden Jahren unter der Last von Kästen, Kübeln und Hochbeeten biegt, können Sie ja doch noch nach einer Parzelle im örtlichen Kleingarten-Verein Ausschau halten und dem Klischee des Ruheständlers mit dem grünen Daumen alle Ehre machen.

21 Entrümpeln Sie Ihr Leben

„Das Glück wohnt nicht im Besitz und nicht im Golde – das Glück ist in der Seele zu Hause“

Das erkannte schon der griechische Philosoph Demokrit vor rund 2400 Jahren. Und auch Psychologen und Philosophen der Gegenwart sprechen sich aktuell für eine Abkehr vom Konsum und eine Hinwendung zum Minimalismus aus. Wir wollen hier nicht dafür plädieren, dass Sie Ihr Hab und Gut verschenken, um eine höhere Stufe der Spiritualität zu erlangen, sondern ganz pragmatisch fragen: Wann haben Sie zuletzt Ihr Lebensumfeld entrümpelt?

Während des Arbeitslebens schiebt man derartige Aktionen gern auf. Und gleichzeitig verschiebt man Papiere, Gegenstände und alte Möbel gern in den Keller oder auf den Speicher, um „später zu entscheiden, was damit gemacht wird“. Dieses *später* ist zum Zeitpunkt des Ruhestands tatsächlich eingetreten. Endlich haben Sie die Zeit und die Ruhe, sich um Ihre Gerümpelecken zu kümmern. Aus den folgenden Gründen sollten Sie es tun:

Rüdiger Dahlke beschreibt in seinem Buch „*Das Alter als Geschenk*“ den Besitz eines Menschen als etwas, das er be-sitzt. Also mit einer gewichtigen Anstrengung darauf Platz nimmt, um die Dinge zusammenzuhalten. Wem das zu esoterisch ist, der sollte sich an die Resultate der Hirnforschung halten. Die besagen nämlich, dass wir Dinge und Gegenstände, die nicht abgeschlossen oder deren weiterer Verbleib uns unklar ist, stets in den Tiefen unseres Gedächtnisses behalten. Dort verbrauchen sie tatsächlich so viel Energie, dass wir Aufgaben langsamer und schlechter erledigen als Menschen, die keine inneren Haftnotizen verwalten, auf denen steht „später drum kümmern“.

Entrümpeln wäre damit nicht nur pragmatische und Platz schaffende Arbeit, sondern auch eine, die den Geist reinigt und die mentalen Kapazitäten verbessert und beschleunigt. Gehen Sie es also an:

Entrümpeln Sie Ihre Schränke von uralten Verträgen, über 5 Jahre alten Steuerunterlagen sowie Zeitschriften und Prospekten, in die Sie doch nie hineinschauen werden. Auch Geschirr, Möbel, Haushaltsgegenstände, Sportequipment, Geerbtes und Geschenke können sich unbemerkt vermehren, bis man völlig den Überblick verliert. Für Dinge, die Sie im Keller oder auf dem Speicher horten, gilt deshalb die Frage: „*Gebrauche ich den Gegenstand noch?*“ Falls Sie sich dessen unsicher sind, packen Sie die betreffenden Objekte in einen Karton, den Sie ein Jahr lang lagern. Falls Sie während dieser Periode keinen Gegenstand aus der Kiste vermisst haben, ja vielleicht sogar vergessen haben, was sich in ihr befindet, können Sie den Inhalt sorglos entsorgen.

Für den Wust von Kleidung und Schuhen, der sich über die Jahre angesammelt hat, empfiehlt die japanische Minimalismus-Päpstin Marie Kondo folgende Vorgehensweise: Nehmen Sie das betreffende Kleidungsstück in die Hand und spüren Sie, welche Emotionen es in Ihnen weckt. Sind es Freude, Zufriedenheit oder andere positive Gefühle – behalten Sie es unbedingt. Bedrückt Sie dagegen etwas oder, noch schlimmer, empfinden Sie überhaupt nichts für das betreffende Stück, dann geben Sie es weg. Diese Methode eignet sich optimal dazu, Ihre Umgebung in ein Umfeld zu verwandeln, das Ihnen vorwiegend gute Gefühle verschafft, anstatt Sie Nerven zu kosten.

Entrümpeln heißt nicht wegwerfen. Das kann durchaus eine Lösung sein, wenn es um Papiermüll und Kaputtes geht. Doch noch besser funktioniert das Verschenken, Stiften und Verkaufen. Wenn Sie weder Verwandte noch Bekannte haben, die Ihr ausgesondertes Möbelstück gebrauchen könnten, stellen Sie es mit einem Zettel *„Zu verschenken!"* an die Straße. Der Person, die es gerade verzweifelt braucht, wird es als erste ins Auge fallen. Wertvolle Dinge und Sammlerstücke lassen sich dagegen gut in den regionalen (Online-)Kleinanzeigen verkaufen, z.B. auf Ebay. Ihr persönlicher Gewinn besteht nach der Entrümpel-Aktion dann eventuell in einer kleine Summe Geld und in dem unbezahlbaren Gefühl, im Umfeld und im Kopf aufgeräumt zu sein. Schließlich müssen Sie Ihren unklaren Besitz jetzt nicht mehr kraftraubend be-sitzen, sondern können aufstehen, um die Welt zu entdecken.

22 Sparen Sie Steuern

Gehen Sie im Jahr 2020 in den Ruhestand, gehören Sie zu dem Personenkreis, der einen Anteil von 80 Prozent seiner Jahresbruttorente versteuern muss. Bis 2040 senkt der Staat den Rentenfreibetrag von 20 Prozent auf Null und erzeugt für Rentner eine 100-prozentige Steuerpflicht. Praktisch bedeutet das: Den Teil Ihrer Rente, der über den steuerlichen Grundfreibetrag von 9168€ (Stand: 2019) hinausgeht, müssen Sie zum größten Teil versteuern.

Selbst wenn Sie sich während Ihres Berufslebens nicht großartig mit Ihrer Steuererklärung auseinandergesetzt haben – für jeden Angestellten erledigt das Finanzamt die Basis-Rechnung ja quasi automatisch – sollten Sie sich im Ruhestand etwas Zeit dafür nehmen und gegebenenfalls sogar einen auf Rentner spezialisierten Steuerberater aufsuchen. Denn wenn Sie sämtliche Posten absetzen, die rechtlich gestattet sind, können Sie unter Umständen relevante Steuereinsparungen erreichen. Unter anderem können Sie folgende Punkte „absetzen“:

Spenden

Spenden Sie regelmäßig an Kinderhilfsorganisationen, Tierschutz oder Parteien? Diese Zuwendungen mindern Ihre Steuerlast. Den Nachweis für Spenden bildet bei Beträgen unter 200€ eine Kopie des Kontoauszuges – bei höheren Summen müssen Sie Ihrer Steuererklärung die Spendenquittung im Original beilegen.

Haushaltsnahe Dienstleistungen

Haben Sie Unterstützung im Haushalt engagiert? Hiermit sind sämtliche Arbeiten gemeint, die innerhalb Ihres Wohnraums oder auf Ihrem Grundstück von einem Dienstleister verrichtet werden, die andernfalls Sie selbst oder Ihr Ehepartner übernehmen müsste. Dazu zählen das Putzen, Kochen, Schneeräumen, Gartenarbeit, Haustierversorgung und sogar das Hundeausführen. 20 Prozent der Gehälter für Dienstleister können Sie bis zu einem Maximalbetrag von 4000€ steuermindernd geltend machen. Für Handwerkerleistungen gilt dabei der Höchstbetrag von 1200€.

Versicherungen

Kranken- und Pflegeversicherung, Kfz-Haftpflicht und Privathaftpflicht sowie Unfall- und Rechtsschutzversicherungen können Rentner von der Steuer absetzen. Hausrats- und Gebäudeversicherungen gehen nicht in die Berechnung des Finanzamtes mit ein.

Studieren Ihre Kinder noch?

Falls Sie Ihre Kinder noch finanziell unterstützen, obgleich für sie kein Anrecht mehr auf Kindergeld besteht, können Sie rund 9000€ Unterhaltszahlungen steuerlich geltend machen. Die Voraussetzung ist, dass Ihr Kind „bedürftig“ ist, d.h. sein Vermögen 15500€ nicht überschreitet. Verdient der Spross monatlich selbst über 624€ dazu, müssen Sie dies von Ihren Unterhaltsangaben in der Steuererklärung abziehen.

Studieren Sie selbst wieder?

Fort- und Ausbildungen können Sie auch im Ruhestand mit bis zu 4000€ Kosten im Jahr steuerlich absetzen. Allerdings setzt das Finanzamt voraus, dass Sie studieren, um im betreffenden

Feld auch zu arbeiten. Als Nachweis genügt die Bewerbung auf eine Teilzeitstelle im angestrebten Bereich – selbst wenn Sie objektiv kaum Chancen haben, den Job zu bekommen.

Krankheitskosten

Übersteigen Ihre Gesundheitskosten die Grenze einer zumutbaren Eigenbelastung (der Betrag variiert je nach Familienstand und Einkommen), können Sie Kosten für Krankenhausaufenthalte, Medikamente, Zahnersatz und Co von der Steuer absetzen. Auch auf die Kosten für eine medizinisch notwendige Kur trifft dies zu.

23 Auswandern im Ruhestand?

Etwa jede siebte Rente überweist der deutsche Staat an Rentner im Ausland. Doch das bedeutet nicht unbedingt, dass sich die betreffenden Ruheständler mit dem Eintritt in die Rente spontan zum Auswandern entschlossen hätten. Ein großer Prozentsatz der Rentenempfänger im Ausland entfällt nämlich auf ehemalige Gastarbeiter, die in den 1960er und 1970er Jahren nach Deutschland kamen und nach ihrer Verrentung in ihr Heimatland zurückkehrten. Die Zahl deutscher Rentner im Ausland, die seit dem Jahr 2000 von 1,1 auf 1,5 Millionen zunahm, ist auf diese Weise leicht zu erklären: Unter den Rentnern seit der Jahrtausendwende herrscht keine plötzliche Auswanderungslust, sondern die betreffenden Jahrgänge der ehemaligen Gastarbeiter kommen ins Rentenalter.

Konsequenterweise gehen von den gut 240.000 Renten, die ins Ausland gezahlt werden, 7268 nach Italien, 3190 nach Griechenland und 2372 in die Türkei. Noch stärker sind die direkten Nachbarländer in der Statistik vertreten: 26.390 deutsche Renten erhalten Einwohner der Schweiz, 25.053 Renten fließen nach Österreich und 17.693 Renten nach Frankreich.

Dennoch werden die Medien nicht müde, über deutsche Ruheständler zu berichten, die in Länder migrieren, in denen man heute noch „mehr für sein Geld bekommt“ als in der Heimat. Diese Destinationen, besonders wenn sie sich niedrige Lebenshaltungskosten mit einem angenehmen Klima paaren, müssten theoretisch einen idealen Altersruhesitz für Menschen mit einem knappen Geldbeutel abgeben. Doch so einfach geht die Rechnung nicht auf. Denn selbst der schönste Meerblick ist nichts wert, wenn es kompetente medizinische Hilfe erst in 100

Kilometern Entfernung gibt. Auch Sprachbarrieren stören die schönste Postkartenidylle.

Die Zeitung *Welt am Sonntag* analysierte deshalb, welche Auswanderungsregion den Ansprüchen der Rentner am besten entspricht. Zu 50 Prozent gingen in diese Analyse die günstigeren Lebenshaltungskosten ein, zu 50 Prozent ein Komplex aus medizinischer Versorgung, Kriminalitätsrate, Korruption und möglichen Sprachbarrieren.

Im Ergebnis bewerten Fachleute Polen, Tschechien, Ungarn, Österreich und Spanien als Top 5 der Auswanderungsziele für Ruheständler. Insbesondere die ersten drei überzeugen mit ihrer günstigen Relation von hohem Lebensstandard und geringeren Kosten – im schönen Prag sind die Lebenshaltungskosten um 30 Prozent niedriger als in Berlin. Gleichzeitig findet man in allen drei Ost-Ländern vergleichsweise viele Menschen, die Deutsch sprechen. Auch ein Familienbesuch bei den Enkeln in Deutschland lässt sich von Polen, Tschechien und Ungarn aus unaufwändig und günstig organisieren.

Berücksichtigen Sie allein die maximal niedrigen Lebenshaltungskosten, landen Sie in völlig anderen Regionen der Welt. Pakistan, Ägypten, Syrien, Tunesien und Indien sind die Länder, in denen das Leben am wenigsten kostet. Aber es sind gleichzeitig auch Orte, an denen ein Leben weniger wert zu sein scheint, und Sie aufgrund des Krieges, der unsicheren politischen Verhältnisse und der fehlenden Infrastruktur Ihren Ruhestand kaum ruhig verleben könnten. Die Analysten raten Rentnern auch vom Auswandern in die USA ab. Hier liegen die Lebenshaltungskosten über den europäischen, während die Gesundheitsversorgung schlechter und die Kriminalitätsrate deutlich höher ist.

Wer sich dennoch zum Auswandern im Ruhestand entscheidet, muss zudem rechtliche Fragen bedenken. Faktisch kann Ihnen Ihre Rente aus Deutschland nach Wunsch in 150 Länder der Erde überwiesen werden. Ein Haken lauert bei der Riester-Rente: Wer Deutschland verlässt, muss unter Umständen alle erhaltenen Steuervorteile und staatlichen Zuschüsse zurückzahlen. Auch die Krankenversicherung will bedacht werden: Wer die Grenzen der EU überschreitet und in ein Land ohne Kooperationsabkommen umzieht, muss sich selbst neu versichern.

24 Entdecken Sie unentdeckte Klassiker

Sie verstauben im Angeber-Bücherregal und dienen rotweintrinkenden Pseudointellektuellen zum Einschüchtern ihrer Gesprächspartner: Klassiker der Weltliteratur werden überall zitiert, doch die wenigsten haben sie je gelesen. Zumindest nicht als reife Persönlichkeit und ohne schulischen Zwang. Vielleicht haben Sie auch zuweilen gedacht *„Irgendwann lese ich das auch mal, dann weiß ich, wovon du redest!“* - wenn Sie während Ihres Berufslebens über geistige Blender und ihre feuilletonistischen Ausführungen gestolpert sind.

Dieses *irgendwann* könnte Ihr Ruhestand sein. Jetzt ist der beste Zeitpunkt, um eine Top-10-Liste der Bücher, die Sie immer schon einmal lesen wollten, aber nie dazu gekommen sind, zusammenzustellen. Besser noch: Kaufen Sie die Werke und bauen Sie sich daraus einen „noch zu lesen“-Stapel. Bei der Auswahl sollten Sie auf Ihren Instinkt vertrauen.

Welcher Klassiker hat Sie schon immer interessiert? Bei welchem Buch kennen Sie den Titel, aber wissen noch nicht einmal, worum es geht? Was haben Sie als Schüler bereits durchexerzieren müssen, aber können sich nicht mehr daran erinnern?

Die folgende Liste kann Ihnen als erste Inspiration dienen:

Faust. Eine Tragödie, Johann Wolfgang von Goethe

Beinahe jeder musste den Faust in der Schule durchackern. Aber haben Sie den Klassiker je bewusst als erwachsene Person wahrgenommen? Wie sind die daraus entlehnten Redewendungen von „Pudels Kern“ oder den „zwei Seelen in der

Brust“ eigentlich ursprünglich gemeint gewesen? Entdecken Sie Ihren alten Schulstoff neu.

Buddenbrooks, Thomas Mann

Der Roman über den Verfall einer Lübecker Kaufmannsfamilie gilt als erster Gesellschaftsroman deutscher Sprache von Weltruhm. Thomas Mann erhielt für sein Werk 1929 den Literaturnobelpreis.

Ulysses, James Joyce

In 18 Episoden beschreibt der irische Schriftsteller einen Tag im Leben des Leopold Bloom, der als Anzeigenakquisiteur für eine Dubliner Tageszeitung arbeitet. Dabei lehnen sich die Motive an Homers Irrfahrten des Odysseus an.

1984, George Orwell

Der Titel ist ein Zahlendreher des Jahres 1948, in dem Orwell seine Vision eines totalitären Überwachungsstaates fertigstellte. Als wacher Beobachter der aktuellen Strömungen in der globalisierten und digitalisierten Welt können Sie erschreckende Parallelen zur Gegenwart entdecken.

Der alte Mann und das Meer, Ernest Hemingway

Der Kurzroman erzählt den epischen Kampf zwischen einem erfahrenen Fischer und einem riesigen Marlin. Darin sehen die Kritiker ein Ringen mit Gott, dem Altern und der eigenen Vergänglichkeit.

Krieg und Frieden, Leo Tolstoi

Der historische Roman verwebt in geradezu filmischer Erzählweise mehrere Handlungsstränge der zaristischen Feudalgesellschaft vor der Kulisse der russisch-napoleonischen Kriege.

Früchte des Zorns, John Steinbeck

Der sozialkritische Roman schildert das Schicksal der amerikanischen Farmer aus Oklahoma und Arkansas während der Großen Depression in den 1930ern. Steinbeck wurde 1940 für sein Werk mit dem Pulitzer-Preis ausgezeichnet.

Die Physiker, Friedrich Dürrenmatt

Von der weltpolitischen Lage der 1950er und 1960er inspiriert, schrieb Dürrenmatt dieses Drama. Hier geben sich zwei Insassen einer psychiatrischen Privatklinik als Albert Einstein und als Isaac Newton aus, sind aber in Wahrheit Geheimagenten gegnerischer Mächte, die an die Weltformel eines dritten Insassen gelangen wollen.

Der Mann ohne Eigenschaften, Robert Musil

Der junge Intellektuelle, der vor dem Hintergrund der österreichisch-ungarischen Doppelmonarchie nach Sinn in Beruf und Privatem sucht, trägt autobiografische Merkmale des Autors.

Moby Dick, Hermann Melville

Philosophische, mythische und kunsthistorische Exkurse säumen Melvilles Beschreibung der schicksalhaften Fahrt des Walfangschiffes Pequod.

Und noch ein Tipp: Sämtliche Klassiker sind auch als Hörbuch erhältlich. Diese Variante könnte Ihnen Spaß machen, wenn Sie viel im Auto oder in der Bahn unterwegs sind.

25 Erstellen Sie Ihre persönliche Watch-List

Luis Amaral, Professor für Bio- und Chemie-Ingenieurswesen stellte 2015 in einer wissenschaftlichen Studie heraus, was die einflussreichsten Filme unserer Epoche auszeichnet: Nicht die Anzahl ihrer Oscars oder die Bewertung bekannter Kritiker, sondern die Frequenz und Dauer, in der ihre Szenen und Charaktere in anderen Filmen, Kunstwerken und Büchern zitiert werden. Für Hollywood-Blockbuster gilt damit dasselbe wie für wissenschaftliche Veröffentlichungen – allein die Anzahl der Zitate zählt.

Aus der Amarals Studie, die in den *Proceedings of the National Acadamy of Sciences of the United States of America* publiziert wurde, ergibt sich eine Rangfolge der 30 einflussreichten Filme der vergangenen Jahrzehnte:

1. **Der Zauberer von Oz (1939)**
2. **Star Wars (1979)**
3. **Psycho (1960)**
4. **Casablanca (1942)**
5. **Vom Winde verweht (1939)**
6. **King Kong (1933)**
7. **Frankenstein (1931)**

8. **Der Pate (1972)**

9. **Citizen Kane (1941)**

10. **2001: Eine Odyssee im Weltraum (1968)**

11. **Der weiße Hai (1975)**

12. **Die Nacht der lebenden Toten (1968)**

13. **Ist das Leben nicht schön (1946)**

14. **Die Reifeprüfung (1967)**

15. **Vertigo (1958)**

16. **Schneewittchen und die sieben Zwerge (1937)**

17. **Dr. Seltsam oder: Wie ich lernte, die Bombe zu lieben (1964)**

18. **Dracula (1931)**

19. **Die Spur des Falken (1941)**

20. **Bambi (1942)**

21. **Der Exorzist (1973)**

22. **Taxi Driver (1976)**

23. Boulevard der Dämmerung (1950)

24. Planet der Affen (1968)

25. Beim Sterben ist jeder der Erste (1972)

26. The Sound of Music (1965)

27. Frankensteins Braut (1935)

28. Singing in the Rain (1952)

29. Apocalypse Now (1979)

30. Blutgericht in Texas (1974)

Und? Haben Sie selbst bereits alle dieser Filme gesehen?

Wenn nicht, lohnt sich ein Heimkino-Abend gemeinsam mit Ihrem Partner. Glücklicherweise müssen Sie die Klassiker nicht mühsam in den verstaubten Regalen einer der letzten überlebenden Videotheken suchen, wenn Sie sich bei modernen Streaminganbietern wie Netflix und Co registriert haben. Diese Portale verfügen über einen reichen Fundus an Filmklassikern, von denen Sie gegen eine monatliche Abo-Gebühr so viele sehen können, wie Sie wollen. Stellen Sie einen Topf Popcorn auf den Herd, schenken Sie sich ein Glas Wein ein und verbringen Sie den Abend ganz wissenschaftlich und kulturbeflissen mit Ihrem Bildungs-Blockbuster.

26 Finden Sie Sinn und Struktur: Teil 1 Sinn

Wer in Rente geht ist höchstwahrscheinlich zum ersten Mal im Leben damit konfrontiert, Geld zu bekommen, ohne dafür arbeiten zu müssen. Im Idealfall ist Ihre Existenz mit der Rente gesichert, ohne dass Sie dafür irgendeine Verpflichtung erfüllen müssen. „*Toll!*", würden jetzt wahrscheinlich die meisten 30-jährigen Arbeitnehmer ausrufen „*dann kann ich endlich nur noch tun, worauf ich Lust habe!*" Doch das beschreibt nur einen Teil der Situation eines Rentners. Auf der anderen Seite der Medaille steht, dass sich mit dem Berufsalltag meist auch das wichtigste Element der Selbstwirksamkeit aufgelöst hat.

Natürlich verdienen wir Geld, um unsere Existenz zu sichern. Doch wer Jahrzehnte lang auf die Frage nach Spaß am Beruf nur lakonisch antwortet „*Was soll ich denn machen? Irgendwer muss ja die Raten zahlen!*" der verkennt oder verdrängt, dass ihm der Arbeitsplatz in den meisten Fällen weit mehr bietet als Geld.

Und zwar, das Gefühl, gebraucht zu werden. Probleme zu lösen. Ein kompetenter Ansprechpartner zu sein. Dinge weiterzuentwickeln. Ideen in die Realität umzusetzen. Einer Institution anzugehören, die größer ist als man selbst. Sichtbare Insignien der Macht tragen zu dürfen. Anerkennung für den eigenen Einsatz zu erhalten. Neue Erkenntnisse zu einem Diskurs beizutragen ... all diese Empfindungen resultieren über das Gehalt hinaus auch aus bezahlter Beschäftigung.

Zuweilen erfüllt ein Job unsere Bedürfnisse überdurchschnittlich gut; manchmal so ungenügend, dass wir kündigen und uns etwas Besseres suchen. Doch in den seltensten Fällen sind wir uns bewusst darüber, WAS wir eigentlich neben dem Geld am meisten brauchen und schätzen. Bis zum Ruhestand, wo das Fehlen eben dieser Positiv-Empfindungen schlagartig ein großes Loch in unser Lebenskonzept reißen kann. Oder zu schleichenden Depressionen führt.

Beschäftigen Sie sich deshalb aktiv damit, welche Elemente Ihrer früheren Tätigkeit Ihnen neben dem Gehalt als größte Kraftquelle dienten. Sind sie ein besonders kommunikatives Wesen und fühlen sich nicht mehr lebendig, wenn Sie am Tag weniger als 16.000 Wörter am Tag wechseln also weniger als der deutsche Durchschnittsbürger? Sind Sie erfüllt davon, knifflige technische Probleme zu lösen? Liegt Ihre Stärke darin, anderen einen komplizierten Sachverhalt in simplen Sätzen zu erklären? Sind Sie gern Teil eines größeren Gedanken und lieben Sie die Vorstellung, das etwas Ihres Engagements bleibt, lange nachdem Sie selbst den Planeten verlassen haben? Ist es der Kontakt zu Menschen, der Ihnen ein gutes Gefühl verleiht? Oder eher der Blick auf ein physisch entstandenes Resultat Ihrer Hände Arbeit? Oder sind Sie bestrebt, einem System die richtige Struktur zu verleihen?

Zugegeben, es ist nicht unbedingt leicht, den Kernpunkt oder die Fokusthemen der eigenen Persönlichkeit zu erkennen und sie unabhängig vom beruflichen Rahmen zu sehen. Doch genau diese Erkenntnis hilft Ihnen für Ihre kommenden Dekaden entscheidend weiter. Wer erkennt, ob die Arbeit mit Menschen, Zahlen oder Organisationen am meisten das eigene Selbst berührt, der kann auch im Ruhestand eine Richtung wählen, die Selbstwirksamkeit und Identitätsbildung fördert.

27 Finden Sie Sinn und Struktur: Teil 2 Struktur

„Endlich nicht mehr früh aufstehen müssen“ – das kann eine freudige Erwartung an den Ruhestand sein. Allerdings lässt sie unberücksichtigt, welches positive Merkmal die bezahlte Beschäftigung im Leben vieler Angestellter hinterlässt: die Struktur des Alltags.

Sind wir nicht an sie gebunden, besteht jede Entscheidung in einem aufwändigen Gehirnprozess. Unsere Impulse, die physiologisch in erster Linie durch das limbische System angestoßen werden, treiben uns in eine bestimmte Richtung: das warme Bett, das leckere Dessert, das Stoppen einer unangenehmen Anstrengung. Unsere höheren Gehirnteile, vor allem der präfrontale Kortex, begegnet diesen Gelüsten mit mahnenden Rationalisierungen: wir *sollten* nicht so viel Zucker konsumieren, wir *müssen* aufstehen, damit wir pünktlich zum Termin kommen.

Die innere Diskussion zwischen Wollen und Sollen kostet unser Gehirn erwiesenermaßen viel Energie und lässt sich an einem einzigen Tag nur begrenzt strapazieren. Einige Forscher um den australischen Psychologen Roy Baumeister sind überzeugt, dass unsere Disziplin so funktioniert wie unsere Muskulatur. Ist sie nach einer außerordentlichen Anstrengung fix und fertig, braucht sie zunächst eine gewisse Erholungsphase, um wieder auf demselben Niveau zu funktionieren.

Wie viel Disziplin ist also vonnöten, damit manche Menschen es schaffen, 30 Jahre lang pünktlich an Ihrem Arbeitsplatz zu erscheinen? Nicht so viel, wie Sie denken. Denn das Gehirn kennt einen Trick: Was uns durch ständige Wiederholung zur Gewohnheit geworden ist, wird in anderen Regionen abgespeichert, ohne das aufwändige Tauziehen zwischen Impuls (limbischem System) und Vernunft (präfrontalem Kortex) neu zu bemühen. Stattdessen folgen wir der Regel quasi automatisch.

Nicht so in einer neuen Lebenssituation wie dem Ruhestand. Sofern Sie nicht zu den seltenen Fällen gehören, die neben dem Broterwerb bereits ein Netz von Terminen, Hobbies und Verpflichtungen aufgebaut haben, in dem sie sich automatisch bewegen, sind Sie im Ruhestand mit einer Situation konfrontiert, die mehr Disziplin erfordert als Ihr Berufsleben. Schließlich müssen Sie sinnstiftende Themen für sich identifizieren und passende Termine organisieren – während Ihr limbisches System Ihnen dazwischenfunkt *„Wozu denn noch die Anstrengung? Das bringt doch nichts mehr! Couch und Fernseher machen weit weniger Stress ... die Entspannung hast du dir schließlich verdient“*

Ohne dafür zu plädieren, dass Sie im Ruhestand dieselbe Terminfrequenz erreichen sollten wie im Arbeitsleben, fördert ein strukturierter Alltag bei Rentnern durchaus die empfundene Lebensqualität. Diesem Phänomen widmete Regine Köller sogar eine Doktorarbeit. Sie untersucht, warum Rentner, die objektiv gesehen weit mehr Zeit zur Verfügung haben als Berufstätige, subjektiv das Gefühl haben, die Zeit verliefe schneller. Einerseits trägt dazu das Empfinden einer knapper werdenden Lebenszeitressource bei, andererseits aber auch der Anteil an „ungenutzter“ Zeit im Alltag. Besser fühlen sich jene Rentner, die ihre Woche bzw. ihren Tag aktiv durch Termine strukturieren. Und hier können Sie auf Erfahrungen des Arbeitslebens zurückgreifen: Wer bereits im Beruf seine Zeit gewinnbringend strukturieren konnte, führt dies im Ruhestand gern fort. Wer dagegen durch Termindruck geradezu gequält wurde, lehnt im Ruhestand jedes System der zeitlichen Struktur strikt ab. Leider oft zu Schaden der eigenen Lebensqualität.

Machen Sie sich Ihre eigenen Tendenzen bewusst. Versuchen Sie, sinnstiftende Themen zu entdecken und sich selbst per Termin dazu zu verpflichten. Das braucht am Anfang wahrscheinlich sogar ein bisschen mehr Energie als der Gang ins Büro. Aber die zahlt sich aus. Wenn Ihnen nämlich Ihre neuen Interessen und Beschäftigungen ebenso zur Gewohnheit geworden sind wie der Gang zu Ihrem Arbeitsplatz, füllt sich Ihr Alltag mit positiven Erlebnissen und Empfindungen, die Ihnen ihrerseits suggerieren, dass Sie viel aus Ihrer Zeit machen, anstatt sie verrinnen zu lassen.

28 Legen Sie Muskulatur zu

Ab seinem 30. Lebensjahr verliert ein Mensch jährlich bis zu einem Prozent seiner Muskelmasse. Die sitzende Tätigkeit am Schreibtisch, der die meisten Arbeitnehmer 8 Stunden am Tag folgen, trägt viel dazu bei. Bis zum Alter von 80 hat ein Senior dann nur noch 50 Prozent seiner ursprünglichen Kraft, Hundertjährige verfügen nur noch über ein Drittel ihrer Leistungsfähigkeit.

Internisten wissen heute, dass der altersbedingte Muskelschwund (Sarkopenie) nicht nur ein Problem für das Bewegungspotenzial darstellt. Muskeln sind in unserem Körper über die Motorik hinaus auch für zahlreiche Stoffwechselprozesse verantwortlich. Eine gesunde Muskulatur trägt essenziell zu unserem hormonellen Gleichgewicht bei.

Wenn auch Sie den Hauptteil Ihres Berufslebens im Sitzen verbracht haben, wecken derartige Ausführungen eventuell das schlechte Gewissen in Ihnen. Doch hier gilt: Ziehen Sie sich nicht auf die Devise *„Jetzt ist es sowieso zu spät"* zurück! Training lohnt sich selbst im Alter von über 80 Jahren noch und führt immer dazu, dass der altersbedingte Muskelabbau verzögert wird. Trainierte Menschen über 60 können sich erwiesenermaßen rascher von einem operativen Eingriff und Bettruhe erholen als untrainierte 30- bis 40-Jährige.

Schenken Sie deshalb ab jetzt Ihrer Muskulatur verstärkte Aufmerksamkeit – diese Investition zahlt sich unmittelbar in einem Plus an Gesundheit und Lebensfreude aus. Dazu brauchen Sie nicht einmal jahrelang zu trainieren – schwedische Wissenschaftler konnten nachweisen, dass Muskeltraining den Körper der Probanden innerhalb von 9 Tagen auf DNA-Ebene positiv beeinflussen kann. Wählen Sie sich also eine Sportart aus, die Sie gern und regelmäßig verfolgen können.

Besonders effektiv für die Muskulatur sind dabei die folgenden Sportarten:

Krafttraining

Systematisches Krafttraining an Geräten bildet immer häufiger einen zentralen Teil allgemeiner Reha-Maßnahmen. Manch ein Manager entdeckt diese Kraftquelle erzwungenermaßen nach seinem ersten Herzinfarkt und bleibt dabei. Seien Sie klüger: Jedes gute Fitnessstudio verfügt über ausgebildete Trainer, die Ihnen den Umgang mit Geräten zeigen und dabei auf bestehende Vorerkrankungen Rücksicht nehmen können. Die Regel bei Beinpresse, Bizepscurl und Co ist dann denkbar einfach: Das Gewicht ist gut bemessen, wenn Sie es 10 bis 12-mal stemmen können – nicht wesentlich öfter. Dieser Reiz regt den Muskel zum Wachstum an, wenn Sie ihm 48 Stunden Pause geben. Ein Krafttraining 3-mal in der Woche ist deshalb ideal.

Pilates und Yoga

Beide Sportarten eignen sich für Einsteiger besonders gut, da sie Übungen und Posen beinhalten, die jeder zuhause ausführen kann, auch wenn sein Trainingsniveau sehr niedrig ist. Anschließend können sich Yoga und Pilates zu einem Level steigern, dass die Muskulatur intensiv fordert und stärkt. Dabei legt Yoga den Fokus auf die gleichmäßige Atmung und die Dehnung im gesamten Körper. Pilates setzt einen Akzent auf die stabile Körpermitte und arbeitet auf Studioniveau mit speziellen Geräten. Beide eignen sich optimal für ein zunächst sanftes und später schweißtreibendes Ganzkörpermuskeltraining.

Schwimmen

Schwimmen entlastet die Gelenke, regt das Herz-Kreislauf-System an und kräftigt durch den Wasserwiderstand auf schonende Weise die Muskulatur. Gerade für Menschen, die zwar gern etwas für ihre Muskulatur tun möchten, aber ebenso gern ein paar Kilo abnehmen wollen, eignet sich die ausdauernde Bewegung im Wasser.

29 Essen Sie Proteine

Haben Sie nach dem Sehen einer aufrüttelnden Dokumentation über Hähnchenmastbetriebe oder intensive Milchviehhaltung auch schon einmal mit einer veganen Ernährungsweise geliebäugelt? Überdenken Sie dieses Projekt noch einmal genau.

Denn während Ernährungsphysiologen früher der Meinung waren, Menschen ab einem gewissen Alter bräuchten weniger Proteine als Jüngere, hat sich diese Auffassung zuletzt gewandelt. Im Jahr 2017 erhöhte die Deutsche Gesellschaft für Ernährung ihre Empfehlung für die tägliche Proteinzufuhr ab 65 Jahren von 0,8g Eiweiß pro kg Körpergewicht auf 1,2g Eiweiß pro kg Körpergewicht. Eine drastische Anpassung der Werte, wenn man bedenkt, dass Fachleute früher nur Bodybuildern zu derart großen Proteinmengen geraten haben.

Die Basis für den Richtungswechsel bilden Studien zum Muskelabbau im Alter. Es ist bekannt, dass Menschen im Renteneintrittsalter über die Jahre bereits 30 Prozent ihrer ursprünglichen Muskelmasse eingebüßt haben. Auf der Suche nach einer Methode, den altersbedingten Muskelschwund zu verzögern, fanden Forscher nun die Verbindung zur Ernährung: Eine erhöhte Tagesmenge an Protein hemmt den Abbau der Muskeln signifikant, insbesondere in Kombination mit Muskeltraining. Dabei konsumieren die Älteren mit ihren 1,2g Protein pro kg Körpergewicht effektiv nicht unbedingt mehr als Jüngere mit den empfohlenen 0,8g. Der Körper kann ab einem gewissen Alter das Eiweiß schlicht nicht mehr so effizient aufschlüsseln und einbauen wie in jüngeren Jahren. Ergo: Menschen ab 65 brauchen mehr und hochwertigere Proteine.

Hochwertig heißt in diesem Zusammenhang natürlich in erster Linie Eiweiß tierischer Herkunft. Falls Sie Fleisch und Fisch aus ethischen Gründen nicht verzehren wollen, halten Sie sich an Milch und Eier. Wenn Sie dabei Produkte aus biologischer Landwirtschaft mit hohen Haltungsstandards wählen, können Sie auch die Belastung durch Medikamentenrückstände oder Hormone minimieren.

Falls Sie aus gesundheitlichen Gründen keine Tierprodukte essen wollen – immerhin hat die WHO im Jahre 2015 Wurstwaren zu einem Krebsauslöser der Stufe 1 erklärt – halten Sie sich an die aktuellen Studien: Sie belegen zwar einen Zusammenhang zwischen tierischen Proteinen und bestimmten Krebsarten – allerdings betrifft diese Korrelation nur Menschen jenseits des Jugendalters bis zur Grenze von etwa 60 Jahren. Ist man darüber hinaus, scheint der Verzehr von Tierprodukten statistisch nicht mehr im Zusammenhang mit Krebserkrankungen zu stehen.

Wenn Sie also bis jetzt nicht Veganer geworden sind, können Sie sich gemäß dieser Erkenntnisse getrost als „ein bisschen zu alt dafür" betrachten. Falls Sie dagegen tief von einer rein pflanzlichen Kost überzeugt sind, lassen Sie sich nicht abbringen – immerhin spielt auch der Glaube an das, was gut ist, mit in unseren Gesundheitszustand hinein. Wählen Sie jedoch bewusst pflanzliche Lebensmittel, die besonders hochwertige Proteine enthalten, z.B. Soja, Buchweizen, Quinoa, Reis und Kartoffeln. Auch Lupinensamen, Linsen, Kidneybohnen, Kürbiskerne, Erdnüsse, Mandeln und Hanfsamen sind wahre Eiweiß-Bomben der gesunden Art. Falls Sie unsicher sind, ob Sie ausreichend versorgt sind, berechnen Sie Ihren Bedarf (Ihr Körpergewicht in kg multipliziert mit 1,2) und kalkulieren Sie den Proteinanteil Ihres Speiseplans mithilfe einer Nährwert-App oder online unter *www.rezeptrechner.de.*

30 Engagieren Sie sich ehrenamtlich

Wer ein Ehrenamt ausübt, befindet sich hierzulande in guter Gesellschaft: Immerhin 15,98 Millionen Bürger engagieren sich freiwillig – das sind 17,6 Prozent der Bevölkerung. Bezogen auf die Berufstätigen machen Ehrenamtliche sogar 27 Prozent aus. Ein Viertel aller Ehrenämter fördert dabei in irgendeiner Weise Kinder und Jugendliche. Doch die Betätigungsfelder sind vielfältig: das Betreuen Kranker und älterer Menschen und die Flüchtlingshilfe zählen genauso dazu wie Dienste in Jugendorganisationen, Sportvereinen, in Chor und Orchester, bei der Freiwilligen Feuerwehr, in Natur- und Umweltschutz, im Katastrophenschutz und in der Entwicklungshilfe.

Dabei müssen Sie ein Ehrenamt nicht immer völlig ohne Bezahlung ausüben. Für bestimmte Tätigkeiten erhalten Sie zumindest eine Aufwandsentschädigung. Diese darf jährlich insgesamt 720 Euro betragen, ohne dass sie versteuert werden muss. Falls Sie zum Beispiel als Kassenwart in einem regionalen Sportverein helfen und dafür monatlich 60 Euro Aufwandsentschädigung erhalten, ist dies steuerfrei.

Für bestimmte ehrenamtliche Tätigkeiten hat der Gesetzgeber eine erhöhte Ehrenamtspauschale vorgesehen, die sogenannte Übungsleiterpauschale. Sie fördert insbesondere Tätigkeiten im pädagogischen Bereich, z.B. Trainer, Ausbilder, Referenten, Chorleiter und Pfleger. Hier dürfen die Ausübenden monatlich 200€ (jährlich 2400€) für ihr Engagement beziehen, ohne Steuern zahlen zu müssen. Liegt die Pauschale über dieser Grenze, z.B. bei rund 1000€ monatlich für das Engagement als ehrenamtlich beschäftigter Bürgermeister, bleiben ein Drittel der Bezüge (333 Euro) steuerfrei. Zwei Drittel gelten in diesem

Fall als Arbeitsbezüge und müssen gemeinsam mit der Rente versteuert werden.

Wenn Sie sich unsicher sind, wie Sie eine passende ehrenamtliche Beschäftigung finden können, dann sollten Sie zuerst prüfen, ob in Ihrer Stadt eine Ehrenamts-Messe stattfindet. Bei diesen Veranstaltungen stellen regionale Vereine, NGOs und Gruppen dem Publikum ihre Arbeit vor – ganz ähnlich wie bei einer Jobmesse. Im Rahmenprogramm kommen zuweilen auch Menschen zu Wort, die sich bereits ehrenamtlich engagieren und berichten von ihren Beweggründen und Erfahrungen.

Darüber hinaus gibt es in den meisten Städten Freiwilligenzentren, die zwischen gemeinnützigen Vereinen, kirchlichen Organisationen und Freiwilligen vermitteln. In Ehrenamtsbörsen werden dezidiert Menschen für bestimmte Tätigkeiten gesucht – per Suchfilter können Sie hier Ihre bevorzugte Region und Ihr beabsichtigtes Beschäftigungsfeld eingrenzen.

Damit eine freiwillige Tätigkeit sowohl für den Träger als auch für Sie selbst einen Zugewinn darstellt, sollten Sie sich vor Antritt vor allem über folgende Fragen klar werden: Wie viel Zeit pro Woche will ich erübrigen? In welchem Bereich will ich am liebsten tätig sein? Was erwarte ich von der ehrenamtlichen Tätigkeit und was kann der Träger von mir erwarten?

31 Rentner mit Zuverdienst - was ist möglich?

Hochschulprofessoren forschen weit über das Rentenalter hinaus und Bestsellerautoren werden kaum mit 65 den „Stift fallen lassen“. Erklärt folglich die wachsende Leidenschaft für die Arbeit die wachsende Zahl der arbeitenden Rentner in Deutschland? Immerhin nahm diese laut Bundesarbeitsministerium innerhalb der vergangenen 20 Jahre von 530.000 auf 1,45 Millionen zu.

Doch ein Plus von 174 Prozent verursachen wohl kaum die immer stärker gelangweilten Akademiker, die sich nicht von ihrem Schreibtisch trennen können. Realistisch betrachtet treibt die finanzielle Enge im Ruhestand viele Durchschnittsbürger zur Arbeit über das Renteneintrittsalter hinaus.

Wie viel Geld Rentner hierzulande im Durchschnitt in zur Verfügung haben, hängt stark von Region und Geschlecht ab. Die relativ gutgestellte Generation der ehemaligen Bergbau-Mitarbeiter hebt die Durchschnittsrente für Männer in Nordrhein-Westfalen auf 1467 Euro an. Frauen in Niedersachsen erhalten hingegen nur 961 Euro Rente im Monat. Schert man alle Ruheständler über einen Kamm, stehen dem einzelnen deutschen Rentner 1219 Euro monatlich zur Verfügung.

Durchschnitt heißt natürlich, dass es viele gibt, die wesentlich weniger bekommen und damit gar keine Wahl haben, als weiterhin in bezahlten Tätigkeiten zu verbleiben. Doch wie viel Verdienst ist neben der Rente eigentlich erlaubt, ohne dass Abzüge folgen?

Das hängt in erster Linie vom Alter des Rentners ab. Hat er die sogenannte Regelaltersgrenze erreicht, darf er quasi unbegrenzt zur gesetzlichen Rente hinzuverdienen. Doch auf wen trifft das zu?

Im Verlauf der kommenden Jahre bis 2031 hebt der Staat die Regelaltersgrenze für Arbeitnehmer sukzessive auf 67 Jahre an. Vollumfänglich gilt sie dann für den Geburtsjahrgang 1964. Wie weit die Jahrgänge 1947 bis 1963 ihr 65. Lebensjahr zum Erreichen der Regelaltersgrenze überschreiten müssen, erfahren Sie in einer Tabelle der Deutschen Rentenversicherung.

Vor Erreichen der Regelaltersgrenze ist es Rentnern gestattet einen Betrag von 6300 Euro brutto im Jahr (525 im Monat) zur Rente hinzuzuverdienen. Das entspricht der Beschäftigung als Mini-Jobber. Von allem, was über diese Zuverdienstgrenze hinausgeht, werden pauschal 40 Prozent mit der Rente verrechnet.

Ein Beispiel: Wenn eine Rentnerin 960 Euro Rente erhält, jedoch monatlich als Angestellte 1510 Euro hinzuverdient, überschreitet sie die Zuverdienstgrenze um 985 Euro monatlich (11.820 Euro im Jahr). Von diesem Betrag werden 40 Prozent – 394 Euro im Monat – mit ihrer gesetzlichen Rente verrechnet. Diese sinkt infolgedessen auf 566 Euro.

Eine zweite Klausel bedenkt, dass Rente plus Zuverdienst nicht das höchste Einkommen übersteigen darf, welches die betreffende Person in den letzten 15 Jahren hatte. Wer über diese Grenze hinaus verdient, muss den Zugewinn vollständig mit der gesetzlichen Rente verrechnen.

32 Wenn nicht jetzt – wann dann?

Haben Sie den Film „Das Beste kommt zum Schluss" gesehen? Hier treffen sich Morgan Freeman und Jack Nicholson als zwei sterbenskranke Krebspatienten im Krankenhaus und verfassen gemeinsam eine Liste von Dingen, die sie noch tun wollen, „bevor sie den Löffel abgeben". Die Frist von einem Jahr Restlebenszeit erleichtert ihnen dabei die Konzentration auf die wichtigen Lebensziele erheblich. Zum einen durch den Zeitdruck, zum anderen durch das Gefühl, nichts mehr zu verlieren zu haben.

Als gesunder Neu-Ruheständler haben Sie es da in gewissem Sinne schwerer. Statistisch gesehen liegen zwei gute Jahrzehnte vor Ihnen – es können jedoch auch 3 oder 4 werden. Hier mahnt weder ein Countdown zum Anlegen einer „Löffelliste", noch verfällt man in eine übermütige „Ach, jetzt kann ich mir alles herausnehmen!"-Stimmung. Doch für das schriftliche Fixieren von „10 Dingen, die ich während meines Ruhestandes unbedingt erreichen und erleben will" gibt es dennoch gute Gründe:

Wenn Forscher Menschen befragen, was sie schlussendlich in ihrem Leben am meisten bedauern, bildet sich dabei klar heraus: Wir bereuen nicht so sehr, was wir *getan* haben. Viel eher bedauern wir schmerzhaft, was wir *nicht getan* haben. Diese Reue über verpasste Gelegenheiten enthält eine klare Handlungsaufforderung für Sie: Haben Sie Mut, Ihre Träume in die Tat umzusetzen!

Wie erkenne ich dabei, was mir wirklich am Herzen liegt? Das mögen Sie jetzt fragen. Für diese Erkenntnis existiert eine Meditationsübung, die vielen Menschen unangenehm ist.

Trotzdem bringt sie nützliche Informationen ans Tageslicht: Imaginieren Sie sich – in ferner Zukunft – auf Ihrem eigenen Sterbebett vor. All Ihre Lieben sind da, eigentlich sind Sie mit Ihrem Leben sehr zufrieden, doch ... es könnte durchaus etwas geben, das Sie in diesem Moment bereuen würden, verpasst zu haben. Was könnte das sein? Wenn Sie sich diese Frage klar beantworten können, gehören diese Punkte definitiv auf eine Ruhestands-To-Do-Liste.

Der Film „*The Bucket List*" lässt seine Protagonisten in Hollywood-Manier zu den Pyramiden von Gizeh reisen, auf der Chinesischen Mauer Motorrad fahren und in Monaco Kaviar verspeisen. Aus dramaturgischen Gründen ist einer der beiden natürlich Milliardär. Doch auf der „Löffelliste" der fiktiven Charaktere finden sich auch idealistische Unternehmungen: „Einem anderen Menschen etwas Gutes tun", „sich versöhnen" - diese Punkte kristallisieren sich am Schluss als die Allerwichtigsten heraus.

Wenn Sie also partout nicht das Geld haben, um eine Weltreise zu unternehmen, konzentrieren Sie sich auch auf die emotionalen Ziele, die Sie unbedingt „abhaken" wollen. Und auch für jeden „kommerziellen" Traum gibt es eine Variante, die erfüllbar ist. Falls Sie den Porsche nicht kaufen können, mieten Sie ihn eben für eine kurze Zeit. Es geht allein darum, dass Sie das Gefühl bekommen, schlussendlich nichts Verpasstes bereuen zu müssen.

33 Melden Sie sich als Senior-Experte

Dass immer mehr Ruheständler in irgendeiner Form in bezahlten Beschäftigungen bleiben, dient nicht nur *ihrem* Portemonnaie. Auch Unternehmen auf der ganzen Welt profitieren von den älteren Arbeitskräften mit unschätzbarem Know-How und reichlich Erfahrung. Als Stiftung der Deutschen Wirtschaft vermittelt etwa der *Senior Experten Service* Fachkräfte im Ruhestand an kleine und mittlere Unternehmen. Die geografischen Schwerpunkte liegen hier zum einen in Deutschland, zum anderen in den Entwicklungs- und Schwellenländern.

Der SES vermittelt dabei Senior Experten in private Unternehmen, öffentliche Verwaltungen, Kammern und Wirtschaftsverbände, medizinische und soziale Einrichtungen sowie Institutionen der Grund- und Berufsbildung. Ziel ist es, nach dem Prinzip „Hilfe zur Selbsthilfe" Wissen und Erfahrung zu vermitteln, um die Zukunftsperspektiven vor Ort zu verbessern. Insbesondere aus ihren „Einsätzen" im Ausland nehmen die Senior Experten dann Begegnungen mit Menschen und Kulturen mit, die nachwirken.

Aktuell sucht der SES über 1000 Experten für Einsätze in aller Welt. Dringend nachgefragt werden unter anderem Fachkräfte aus den Bereichen Berufsbildung, Chemie, Druck und Grafik, Elektrotechnik, Kunststoff, Landwirtschaft, Mechatronik, Medizin, Metall, Nahrungsmittel, Gastronomie, Regenerative Energien, Textil, Tourismus und Verkehr. Ein Auslandsaufenthalt dauert dann in der Regel vier bis sechs Wochen und nie länger als ein halbes Jahr. Für seine Tätigkeit erhält der Experte zwar keine Vergütung, allerdings übernimmt die Stiftung Reise- und Transportkosten und organisiert Unterkunft und Verpflegung.

Dass das Angebot des SES auf starkes Interesse stößt, offenbart der Jahresbericht, den die Stiftung im Juni 2019 vorlegte. Erst zu Beginn 2017 angelaufen, konnte der SES im Jahr 2018 bereits knapp 8000 Einsätze vorweisen, in denen die Experten insgesamt 160.000 Tage aktiv waren. 2039 Einsätze davon bezogen sich auf das Ausland, die übrigen in Deutschland widmeten sich hauptsächlich der Nachwuchsförderung. Als erfolgreichstes Einzelangebot kristallisierte sich die Initiative VerA heraus, die verhindern will, dass junge Leute ihre Ausbildung abbrechen. Mehr als 5200 Azubis deutschlandweit profitierten vom betreffenden Mentoringprogramm. *„Das ist eine ausgezeichnete Bilanz“*, resümmiert SES-Geschäftsführerin Dr. Susanne Nonnen.

Wenn auch Sie mitwirken wollen, können Sie sich online auf der Seite *www.ses-bonn.de* registrieren. Eine Anmeldung verpflichtet dabei nicht zur Teilnahme an einem Einsatz. Ende 2018 zählten bereits 13.000 Personen zur Experten-Datenbank der Stiftung. Gesucht wird dann immer nachfrageorientiert. Das heißt, wenn die Stiftung die Anfrage eines Auftraggebers erhält, der Expertenunterstützung benötigt, gleicht sie das Profil der Anfrage mit den hinterlegten Datensätzen ab. Die besten Chancen auf einen Experteneinsatz haben Interessenten, die ihre Qualifikationen möglichst detailliert beschreiben.

34 Noch einmal studieren?

Die Zeit des Studiums bezeichnen viele Menschen als die schönste Zeit ihres Lebens – warum also nicht im Ruhestand noch einmal in die anregende Atmosphäre der Universität eintauchen? Wenn Sie als Ruheständler noch einmal studieren wollen, müssen Sie keine Sorge haben, in der Menge der jungen Lernenden besonders aufzufallen – immerhin sind über die Hälfte aller Gasthörer in deutschen Universitäten über 60 Jahre alt. Hinzu kommen noch diejenigen Senioren, die als ordentliche Studierende immatrikuliert sind und in ihrem Fach einen Abschluss anstreben. Der Akademische Verein der Senioren in Deutschland (AVDS) schätzt, dass sich insgesamt rund 55.000 Studenten im Ruhestand unter den 2,7 Millionen Studierenden an deutschen Unis befinden.

Die Gasthörer der „Universität des dritten Lebensalters" belegen dabei mit Vorliebe „weiche" Fächer wie Geschichte, Kunstgeschichte oder Philosophie. Manchmal zum Unbehagen der Dozenten, denn gerade während der Geschichtsvorlesungen fühlen sich die älteren Semester dazu berufen, die Ausführungen des wesentlich jüngeren Lehrenden mit den eigenen Lebenserfahrungen zu korrigieren. Es überrascht also nicht, dass die Vorlesungen zum Zweiten Weltkrieg aktuell bei Senior-Studenten am beliebtesten sind. Der Freiburger Historiker Jörg Leonhard erklärte im Gespräch mit der *Zeit*, dass an manchen Tagen sogar ein Drittel bis die Hälfte seiner Zuhörer zur Fraktion der Älteren zählen. In der Regel können die Professoren die Einwürfe der „grauen Fraktion" auch gut parieren – dass ein bekanntes Bonmot den Zeitzeugen zum „natürlichen Feind des Historikers" erklärt, sollte man in der Vorlesung nicht so ernst nehmen.

Doch auf Geschichte sind Sie natürlich nicht festgelegt – mit wenigen Ausnahmen, zu denen Medizin, Zahnmedizin und Psychologie zählen, können Sie jedes Fach auch als Gasthörer belegen. Die Semestergebühren dafür betragen an den meisten Universitäten etwa 100€ pro halbes Jahr. Wer sie zahlt, kann theoretisch so viele Seminare und Vorlesungen besuchen, wie er will. Welche Angebote sich besonders eignen, erfahren Sie im Studienführer des Akademischen Vereins für Senioren in Deutschland (AVDS).

Für Gasthörer gelten bei Universitäten keine Zugangsbeschränkungen – sie brauchen weder Abitur noch andere schulische Qualifikationen nachzuweisen. Anders liegt der Fall, wenn Sie planen, ordentlich zu studieren, ein vor Ihrem Ruhestand abgebrochenes Studium zu beenden oder auf Ihren akademischen Qualifikationen aufzubauen. Als Hochschulzugangsberechtigung müssen Sie dann Ihr Abiturzeugnis vorlegen, für zulassungsbeschränkte Fächer müssen Sie dieselben Auswahlverfahren absolvieren wie junge Studierende ebenfalls. Wer aufbauend auf bestehenden Qualifikationen weiterstudieren will, muss in Rechnung tragen, dass sich inzwischen die akademischen Abschlüsse verändert haben: Der Bachelor ersetzt den Teil bis zum Vordiplom bzw. zur Zwischenprüfung eines Magisterstudienganges, während der Master das Äquivalent zum Hauptstudium ist.

Gar kein seltenes Phänomen ist es, dass Seniorinnen, die ihre akademische Laufbahn einst aufgrund familiärer Entwicklungen auf Eis legten, im Rentenalter ihre Doktorarbeit vollenden. So wurde Sabine Omland im Alter von 73 Jahren an der Universität Münster promoviert, nachdem sie ihre 700 Seiten starke Dissertation über die „NS-Propaganda im Unterricht deutscher Schulen 1933–1943“ vorlegte. Älteste Doktorandin Deutschlands ist die 93-jährige Rosemarie Achenbach. Sie musste ihr Studium der Philosophie und Psychologie in den

Wirren des Zweiten Weltkriegs abbrechen. Nach über 60 Jahren Unterbrechung holte sie dann im Alter von 84 ihren Magisterabschluss in Philosophie nach. Aktuell arbeitet Achenbach an ihrer Doktorarbeit. Das Thema wird so manchen irritieren: „Die Philosophie des Todes“, lautet es. Doch die Verfasserin selbst nimmt es mit reichlich Humor „*Näher als ich kann man ja wohl kaum dran sein*“, scherzt sie in der *Süddeutschen Zeitung* über ihre Beweggründe.

So viel Kontinuität macht Mut. Falls auch Sie während Ihrer Berufstätigkeit oder der Berufstätigkeit Ihres Partners akademische Ziele aus den Augen verloren haben, an denen noch immer Ihr Herz hängt, wagen Sie es, sie wieder ins Auge zu fassen. Wenn Sie dagegen aus reinem Interesse Vorlesungen besuchen wollen, ist die Universität des dritten Lebensalters genau die richtige Option für Sie. Auch deshalb, weil man dort schnell Gleichgesinnte findet und leicht ins Gespräch kommt.

35 Let´s dance!

Foxtrott, Rumba, Cha-cha-cha – wer hat nicht zu Schulzeiten den pflichtmäßigen Standard-Tanzkurs über sich ergehen lassen? Damals diente diese Veranstaltung wahrscheinlich hauptsächlich zum Kennenlernen der ersten großen Liebe, sodass starkes Herzflattern die Choreografie deutlich in den Hintergrund drängte. Wenn Sie in den folgenden Dekaden eher selten das Tanzbein geschwungen haben oder sich über das Standardprogramm kaum hinaustrauten, sollten Sie im Ruhestand ein tänzerisches Comeback wagen.

Nicht nur, dass die Bewegung zur Musik einfach Spaß macht – Wissenschaftler sind auch davon überzeugt, dass Tanzen glücklicher, gesünder und sogar intelligenter werden lässt. Als Nebenprodukt des aufrechten Ganges sollen uns Walzer und Co quasi in den Genen stecken. Das suggerieren zumindest Studien an Neugeborenen, denen Forscher Rhythmen vorspielten, die akustische „Löcher“ in der Aufnahme enthielten. Die Gehirnströme der Babys zeigten, dass sie, ohne an Musik gewöhnt zu sein, den Beat „auf den Punkt“ erwarteten, selbst wenn die Versuchsleiter ihn kurz ausblendeten.

Bewegung, Berührung und Musik – diese Reize fließen im Tanz zusammen und trainieren unsere grauen Zellen wie kaum eine andere Freizeitaktivität. Drehungen und Schrittfolgen erfordern Konzentration und Koordination, der Rhythmus aktiviert die Sprachzentren des Gehirns. Darüber hinaus setzen Tänzer große Mengen der Glückshormone Dopamin und Endomorphin frei. Neue neuronale Verbindungen entstehen und das Volumen der Gehirnmasse wächst sogar in speziellen Bereichen. Dass sich dies auch auf andere Teile des Lebens auswirkt, konnten Forscher an Tänzern beobachten, die bei mathematischen

Aufgaben und im räumlichen Verständnis bessere Resultate erzielen als Tanzmuffel. Reaktionsschneller und beweglicher sind die Tänzer ohnehin, doch auch ihr Konzentrationsvermögen überragte das der Vergleichspersonen.

Manche Fachleute schreiben dem Tanzen geradezu eine heilende Wirkung zu. Eine Studie an Parkinson-Patienten zeigt, dass ihr Zittern mithilfe von Tanztherapie reduziert werden konnte. Das Risiko einer Demenzerkrankung reduziert sich laut Studienergebnissen durch tänzerische Aktivität sogar um 20 Prozent. Bei Versuchspersonen, die bereits erkrankt waren, ließ sich das Fortschreiten der Demenz mit einer Tanztherapie bremsen. Auch chronische Schmerzen können sich durch die Lockerung der Muskulatur wesentlich verbessern und, nicht zuletzt, sinkt der Stresspegel erheblich durch die Reduktion des Stresshormons Cortisol.

Brauchen Sie etwa noch mehr Argumente? Ach ja, bei der nächsten Hochzeit könnten Sie und Ihr Partner unter Umständen schnell die Stars auf der Tanzfläche sein, weil Sie sicherlich mehr Zeit zum Üben haben als das berufstätige Brautpaar.

Für den Wiedereinstieg bietet sich ein Einsteiger-Kurs an Ihrer örtlichen Tanzschule an. Häufig sind 30 bis 40 Prozent der angemeldeten Mitglieder über 40 Jahre alt, viele davon sogar im Rentenalter. Wer am liebsten ausschließlich mit Gleichaltrigen tanzt, sollte sich über das Programm des Bundesverband Seniorentanz e.V. informieren. Als Ableger des Deutschen Tanzsportverein ist er in Landesverbände gegliedert und bietet Informationen zu Tanzgruppen in Ihrem Wohnumkreis. Doch auch reguläre Tanzschulen bieten Kurse für Paare und Singles 50+ an, die nicht auf Walzer und Co begrenzt sind.

36 Entdecken Sie Ihre innere Mitte mit Meditation

Wie hätten Sie im Berufsleben reagiert, wenn Ihnen ein Bekannter erzählt hätte, er fühle sich wie neu geboren durch Meditation? Hätten Sie vielleicht geantwortet: *„Das ist ja hochinteressant, aber ich habe für sowas keine Geduld. Ich bin ja schließlich immer auf Achse."*

Jetzt im Ruhestand gibt es für Sie keine Ausreden mehr. Zumindest sollten Sie sich die folgenden Abschnitte zu Gemüte führen und erfahren, welche Argumente klar für das regemäßige Meditationstraining sprechen.

Und eines vorweg: Meditation ist weder eine abgefahrene New-Age-Marotte, noch etwas völlig Kulturfremdes aus dem fernen Osten. Auch das Christentum kennt ähnliche Zustände der Konzentration und des Vertiefens in Form der Gebete und der Rosenkranz-Meditation. Mit der Abkehr von der Religion ist dem industrialisierten Westen damit ein großer mentaler Schatz abhandengekommen. Umso wichtiger, dass uns Zen-Meditation und Yoga über die Wellness-Welle wieder erreichen und in Europa ein Meditations-Revival auslösen.

Meditation macht klug. Zumindest klüger als die geläufigen Disziplinen in Denksport und Gehirntraining. Während Forscher bei Kreuzworträtsel und Co auch nach 6-wöchigem Exerzieren keinen Positiv-Effekt auf das Gehirn feststellen konnten, genügt bereits eine Woche der Meditationspraxis (20 Minuten täglich), um Aufmerksamkeit und Konzentration deutlich zu steigern. Dabei verändert die Meditation die zuständigen Hirnregionen sogar auf der sichtbaren Ebene. Sie verdickt die Großhirnrinde und könnte die normale altersbedingte Abnahme des Kortex verzögern.

Neben den kognitiven Fähigkeiten und der Gedächtnisleistung verbessert das Meditieren nachweislich die Stimmungslage der Praktizierenden. Meditierende sind besser in der Lage, Zorn und Ärger zu regulieren als andere Menschen. Regelmäßige Meditation lindert Depressionen aber auch Einschlafstörungen und Migräne. Bei derartig umfassenden, wissenschaftlich nachgewiesenen Vorteilen muss man sich schon verwundert fragen: Warum wären viele Menschen bereit, eine Pille mit den beschriebenen Effekten einzunehmen, nicht aber dazu, sich 20 Minuten lang ruhig hinzusetzen und sich auf ihren Atem zu konzentrieren?

Neben Vorurteilen und Klischees hindert sicher auch die mangelnde Gewöhnung an Ruhe viele Menschen am Meditieren. Denn, sich auf nichts als den Rhythmus seiner Atmung zu konzentrieren und den Kopf gedanklich ganz leer werden zu lassen, ist alles andere als einfach. Bei aufkommender Ungeduld hilft es, die gestressten Gedanken als das zu registrieren, was sie sind, und sie wertfrei weiterziehen zu lassen. Eventuell visualisieren Sie Störgedanken vor dem inneren Auge als kleine Ansichtskarte an einem aufsteigenden Luftballon oder Fracht in einem am Horizont verschwindenden Güterzug.

Für das Meditieren selbst brauche Sie bis auf einen angenehmen Platz und einer Matte oder einem Kissen kein Equipment. Ein Wecker kann dabei helfen, sich selbst zu einer gewissen Minutenzahl zu verpflichten, ohne dass Sie während der Meditation daran denken müssen, auf die Uhr zu schauen.

Schließlich existiert für Technikliebhaber ein System, dass Einsteigern die Entspannung erleichtern soll. Ein Stirnband mit Namen *Muse*, das beim Meditieren Ihre Hirnströme misst, gibt Ihnen über Audiosignale ein Feedback zum Grad Ihrer Entspannung. Gleichzeitig können Sie Ihre Fortschritte auch visuell über die App verfolgen. Derartiges Spielzeug unterstützt Sie vielleicht beim Einstieg in die Meditation, wenn Sie eher einen Sinn für High-Tech und weniger für Räucherstäbchen haben.

37 Machen Sie Lobbyarbeit für die zukünftige Mehrheit – Ihre Altersgruppe

Wenn Sie in den kommenden Jahren nach Erreichen der Regelaltersgrenze in Rente gehen, gehören Sie in Deutschland zur Mehrheit. Aktuell sind 23 Millionen Bundesbürger 60 Jahre alt und älter – auf die Bevölkerungsanzahl bezogen ist das mehr als ein Viertel. Dieser Anteil wird sich in den kommenden Jahren steigern, wenn die sogenannten Baby-Boomer-Jahrgänge (1955 bis 1969) nach und nach das Rentenalter erreichen. Immerhin brachte das Jahr 1964 in Deutschland mit 1.357.304 Neugeborenen den geburtenstärksten Jahrgang aller Zeiten hervor. Ab 1965 spricht man vom sogenannten „Pillenknick" – die Geburtenraten sanken, bis sie 1972 die Sterberate sogar unterschritten. Im Jahr 2011 erblickten nur noch 662.685 Kinder hierzulande das Licht der Welt – weniger als die Hälfte des ´64er-Jahrgangs.

Die Altersverteilung in unserer Bevölkerung entspricht lange nicht mehr einer Pyramide, sondern eher einem Pilz. Während 1950 nur jeder hundertste Einwohner über 80 Jahre alt war, wird es 2040 jeder Zehnte sein. Doch spiegelt sich dieses Verhältnis auch in unserer Gesellschaft wider? Eher nicht. Denn während die älteren Semester zahlenmäßig einen immer höheren Anteil ausmachen, wird die Lebensphase nach dem Renteneintritt in den Augen der Übrigen noch lange kein Normalzustand. Im Gegenteil: Die Klagen über Altersdiskriminierung nehmen zu. Wer eine bestimmte Grenze überschreitet, muss damit rechnen, bei Kreditvergaben, Versicherungen und in beruflicher Hinsicht benachteiligt zu werden.

Warum gelingt es der Altersmehrheit nicht, ihre Interessen in der Gesellschaft ausreichend zu vertreten? Weil nur die Jüngeren an den Entscheider-Positionen sitzen und den Weg nach ihren Kriterien bahnen? In manchen Unternehmen mag das stimmen. Aber im System einer Demokratie sollte prinzipiell jeder von Grund auf an der Gestaltung der Gesellschaft mitwirken dürfen. Wenn Sie hier die Initiative ergreifen wollen, können Sie im ersten Schritt die Arbeit der Seniorenvertretungen und Seniorenbeiräte auf kommunaler Ebene unterstützen. Sinn und Zweck der Seniorenvertretungen ist es, die Interessen älterer Bürger gegenüber Rat und Verwaltung zu verteidigen. Diese Einrichtung ist relativ jung – erst 1972 wurde die erste Seniorenvertretung Deutschlands in Altena in Westfalen gegründet. Wie sich die Wahl- und Kooperationsbedingungen für die Seniorenvertretungen im Einzelnen gestalten, wurde erst im vergangenen Jahrzehnt durch die Seniorenmitwirkungsgesetze der Bundesländer festgelegt.

Ein weiteres Lobby-Organ der Senioren in Deutschland ist die BAGSO, die Bundesarbeitsgemeinschaft der Senioren-Organisationen. Unter ihrem Dach sind 100 Verbände versammelt, die sich um die Belange der Altersklasse 60+ kümmern. Mit dabei sind unter anderem der Deutsche Seniorenring, die Seniorenorganisationen verschiedener Parteien und die Verbraucherzentrale Nordrhein-Westfalen. Die BAGSO veranstaltet alle drei Jahre den Deutschen Seniorentag (zuletzt im Mai 2018) und führt regelmäßig Seminare, Workshops und Tagungen zu verschiedenen Themen durch.

38 Leben Sie im Retro-Flair!

Lieben Sie es, sich mit Gegenständen aus Ihrer Jugend zu umgeben? Geht Ihnen beim Anblick von Transistorradios, alten Uhren und Retro-Möbeln das Herz auf? Dann überhören Sie ab sofort jede Kritik Ihrer Kinder und Enkel am „alten Plunder". Denn, sich im Schutz der eigenen vier Wände eine Art Zeitmaschine einzurichten, ist keineswegs ein Merkmal ewig gestriger Geister – es kann sogar Ihre Gesundheit fördern, wenn Sie die richtige Einstellung besitzen.

Das bekannteste Experiment zum Verjüngungseffekt einer Retro-Atmosphäre unternahm die amerikanische Psychologin Ellen Langer im Jahr 1979. Ihre Versuchspersonen bestanden in einer Gruppe älterer Männer (über 75 Jahre), die 5 Tage in einem Hotel verbringen durfte. Die Spezialität des Hauses: Alles war so gestaltet, als ob die Teilnehmer 20 Jahre in die Vergangenheit gereist seien. Möbel, Radioprogramm, Filme und Zeitungen kamen direkt aus dem Jahr 1959. Für die Forschung teilte man die Probanden dann in zwei Gruppen. Die Erste sollte sich so verhalten, als ob sie tatsächlich im Jahr 1959 lebte. Mit den Wissenschaftlern, die zweimal am Tag zu den Messungen bestimmter Biomarker erschienen, sollten die Männer aktuelle politische Ereignisse rund um die sowjetische Bedrohung und Castros Kuba diskutieren, als ob sie tatsächlich gerade stattfinden würden. Niemand durfte die sprachliche Vergangenheitsform nutzen – 1959 wurde für die Teilnehmer zur Gegenwart.

Die Mitglieder der zweiten Gruppe sollten sich lediglich aktiv daran erinnern, wie sie das Leben 1959 empfunden hatten und durften mit den Forschern die Ereignisse nur als Vergangenheit diskutieren.

Im Ergebnis machten beide Gruppen äußerst positive Entwicklungen durch. Auf fantastische Weise erinnerte sich auch der Körper der Testpersonen daran, welche Prozesse 20 Jahre früher im Organismus abgelaufen waren: Die Probanden konnten besser hören als zuvor, hatten eine höhere Gedächtnisleistung und eine größere Muskelkraft. Verblüffenderweise bewerteten Außenstehende sogar Fotos der Testpersonen nach dem Experiment als deutlich jünger im Vergleich zu den Vorher-Aufnahmen.

Beide Gruppen profitierten vom Jungbrunnen-Effekt, jedoch trat er bei den Männern, die vorgeben sollten, tatsächlich im Jahr 1959 zu leben, deutlicher hervor. Sie konnten darüber hinaus ein besseres Sehvermögen, eine höhere Flexibilität der Gelenke und eine Linderung ihrer Arthritis-Symptome genießen. Diese Resultate beeindruckte die Fachwelt so sehr, dass aktuell geplant ist, den Versuch im Jahre 2019 noch einmal durchzuführen. Hier werden die Teilnehmer dann virtuell ins Jahr 1989 versetzt.

Was heißt das für Sie? Stöbern Sie nach Herzenslust auf Flohmärkten oder in den Online-Kleinanzeigen nach Accessoires, die Ihnen das Flair früherer Zeiten vermitteln. Aber bewegen Sie sich in den Räumen der Vergangenheit so, als ob es Ihre Gegenwart wäre. Anstatt wehmütig alte Platten zu hören und zu betrauern, dass Sie heute nicht mehr so fit sind, wie zu den Hochzeiten der betreffenden Musik, versuchen Sie Ihr Lebensgefühl von einst so lebensecht wiederzuerwecken als erlebten Sie es gerade in diesem Moment.

39 Singen Sie

Singen hat magische Kräfte. Zumindest, wenn man dem griechischen Mythos glaubt, in dem der Musensohn Orpheus mit seiner Stimme wilde Tiere zähmte, Bäume bog und Steine erweichte. Orpheus´ Gesang besaß sogar die Kraft, den Höllenhund Kerberos vom Bellen abzuhalten und die Grenzen des Todes zu überwinden.

Heute weiß die Forschung, dass Singen eine – wenn auch nicht Tote widerbelebende – einzigartig positive Wirkung auf den menschlichen Körper besitzt: Als die Mitglieder einer Chorprobe nach dem Singen von Mozarts Requiem eine Speichelprobe abgaben, entdeckten Forscher darin, dass die Anzahl des Immunglobulin A in ihrem Organismus deutlich gestiegen war. Dieser Antikörper bildet eine der wichtigsten Barrieren unseres Körpers gegen Krankheitserreger. Aktiv singen ist für den Effekt allerdings unerlässlich – wer die Musik nur hört, profitiert nicht von einer gesteigerten Immunabwehr.

Zusätzlich hebt Gesang auch die Stimmung: Nach nur 30 Minuten Chorsingen können bei den Sängern ein höherer Serotoninspiegel und höhere Level des „Glückseligkeitshormons" Anandamid gemessen werden. Letzteres sorgt als körpereigenes Cannabinoid für Tiefenentspannung und lindert Stress.

Singen trainiert gleichzeitig die körperliche Fitness: Professionelle Sänger nutzen mit der Bauchatmung eine Technik, die dem Körper mehr Sauerstoff zuführt, den Blutdruck senkt und die Rückenmuskulatur kräftigt. Bereits 10 bis 15 Minuten genügen, um das Herz-Kreislaufsystem anzuregen. Profisänger besitzen sogar eine Herzratenvariabilität, die mit der von Dauerläufern vergleichbar ist. Dass Chorsänger eine signifikant höhere

Lebenserwartung haben als Nichtsänger, konnten schwedische Forscher bereits in den 1990er Jahren nachweisen.

Wenn Sie sich keinen Soloauftritt zutrauen, sollten Sie sich einem Chor oder einer Gesangsgruppe anschließen. Damit sind Sie hierzulande in guter Gesellschaft: Über 3 Millionen Menschen in Deutschland haben den Gesang in der Gruppe für sich entdeckt und genießen laut Musikpsychologe Karl Adamek dadurch ein größeres Selbstbewusstsein und mehr Lebenszufriedenheit. Und keine Angst – nicht jeder Chor schmettert deutsche Volkslieder im Kanon.

Rock-Pop-Chöre sind auch bei 60+-Sängern beliebt, wie etwa die eingeschworene Gemeinschaft in Berlin-Neukölln, die sich den ironischen Namen „High Fossility" verpasst hat. „Hotel California" von den Eagles oder „You can´t always get what you want" von den Rolling Stones – hier performen die Sänger in erster Linie Rocksongs, mit denen sie ihre Jugend noch einmal aufleben lassen.

Wenn Sie mit über 60 noch neu einsteigen wollen, finden Sie auf der Netzwerk-Seite *Singen-im-Alter.de* Chöre und Gesangsgruppen in Ihrer Region. Dass es bei der Gründung von exklusiven Seniorenchören nicht um Altersdiskriminierung geht, erklärt Audiologie-Professor Dirk Mürbe: *„Im Alter werden Frauenstimmen dunkler und Männerstimmen rauer."* Ein guter Chorleiter kann die Stücke durch spezielle Arrangements so abwandeln, dass sie sich der Stimme ideal anpassen und die Sänger maximalen Spaß haben. Ärgern sollte sich niemand über die stimmliche Veränderung im Alter, denn schließlich ist die Stimme ein entscheidendes Persönlichkeitsmerkmal. Wer will schon nach 70 Jahren geballter Lebenserfahrung klingen wie ein naiver Teenager?

40 Geben Sie Ihre Verantwortung nicht ab

Während kleine Kinder ihrer Umgebung gern beweisen wollen, was sie bereits alles selbst beherrschen, verkehrt sich diese Haltung im Alter zuweilen ins Gegenteil. *„Das ist in meinem Alter zu viel für mich"*, *„Das kann ich jetzt nicht mehr"* oder *„Das muss ich mir nicht mehr zumuten"* – sind Aussagen, die sich bereits bei Endvierzigern hören lassen. Doch wer bestimmt eigentlich, wo die Altersgrenzen für gewisse Belastungen liegen? Im Prinzip ist das eine Kopfsache.

Gerade dann, wenn die Umwelt älterer Menschen dazu eingespannt wird, den Senioren Arbeit abzunehmen, fragen sich die Dienstleister aus der Verwandtschaft oft: *„Hätte er das denn nicht selbst noch geschafft?"* – und beweisen damit im Grunde genommen einen gesunden Instinkt. Denn wissenschaftliche Studien zeigen, dass Alterserscheinungen an jenen Personen schneller voranschreiten, die ihre Versorgung in die Hände anderer legen.

In Altersheimen zeigen Bewohner einen besseren Gesundheitszustand in Bezug auf Körper und Geist, wenn man ihnen durch die Hausregeln darlegt, dass sie selbst für sich verantwortlich sind. Noch besser schneiden jene ab, die sogar in geringem Umfang Verantwortung übernehmen, indem sie sich etwa um eine Zimmerpflanze kümmern. Schneller altern dagegen Heimbewohner, denen über die Hausordnung und die Aussagen des Personals vermittelt wird, dass man sich in allen Belangen um sie kümmert.

Natürlich ist es mit Eintritt in den Ruhestand verfrüht, sich mit den hochaltrigen Versuchspersonen zu vergleichen. Allerdings ist der Rückzug vom Alltagsleben ein schleichender Prozess, für den sich gerade am Wendepunkt des Renteneintritts entscheidende Weichen stellen. Die Regel lautet: Bleiben Sie sehr aktiv, bei den Beschäftigungen, die Ihnen Freude bringen. Delegieren Sie dagegen Aufgaben, die Ihnen seelischen Stress bereiten.

Doch kalkulieren Sie dabei mit ein, dass eine Planung der Aktivitäten und das Ausprobieren neuer Möglichkeiten im Ruhestand durchaus Energie kosten kann. Ob Gartenarbeit, Tanzen, Reisen, das Pflegen sozialer Kontakte, politisches Engagement oder ein Minijob als Berater – nichts macht von Beginn an ausschließlich Spaß und geht immer leicht von der Hand. Das soll aber auch für Ruheständler kein Grund sein, alles gleich hinzuwerfen. In jedem Alter stehen Durchhaltevermögen und ein bisschen Disziplin vor der Ernte des Erfolgs. Wer sich mit einem „*ach, den Stress brauch ich doch jetzt nicht mehr*" vor Selbstdisziplin drücken will, bringt sich mit faden Ausreden um die Früchte seiner Ruhestands-Jahrzehnte.

Wenn Sie hingegen nicht glauben, Ihr Kontingent an Durchhaltevermögen im Job aufgebraucht zu haben und es im Ruhestand für sich persönlich einsetzen, entwickeln Sie eine selbstverantwortliche Haltung, die Ihnen auch in der Hochaltrigkeit zugutekommen wird. Denn an liebgewonnenen Hobbies und Ehrenämtern hält jeder gern so lange wie möglich fest und etabliert für sich eine beständige Selbstverantwortung.

41 Geocaching - Schatzjagd per GPS

Schatzsuche und Schnitzeljagd – konnten Sie sich dafür als Kind begeistern? Dann sollten Sie im Ruhestand eventuell die digitale Version für Erwachsene ausprobieren. Die Rede ist von „Geocaching", einer GPS-Schatzsuche, die weltweit über 3 Millionen aktive Anhänger in ihren Bann zieht.

Worum geht es? Ziel eines Geocachers (so nennen sich die Anhänger der Aktivität) ist es, in unbekanntem Gelände einen versteckten Gegenstand aufzuspüren. Dazu nutzen die Spieler ein GPS-taugliches Mobilgerät, etwa ein Handy oder einen GPS-Empfänger. Die Koordinaten eines vorab versteckten Schatzes („Cache") in der näheren Umgebung finden Interessierte im Internet unter *www.geocaching.com* oder *www.opencaching.de*. Hier ist die Lage des Verstecks in Längen- und Breitengraden angegeben, sodass sich theoretisch jeder Punkt unseres Globus beschreiben lässt. Als gängigste Version gilt das sognannte GMS-System (WGS84). Hier folgt eine typische Angabe dem typischen Schema: N 52° 21.986‘ E 09° 44.281‘ und wird gesprochen: Nord 52 Grad 21,986 Minuten, Ost 9 Grad 44,281 Minuten. In diesem konkreten Fall handelt es sich um einen Referenzpunkt am Neuen Rathaus von Hannover.

Doch kaum ein Gerät ortet den für das Versteck angegebenen Koordinatenpunkt völlig korrekt. Sind die Schatzsucher am Ziel angelangt, heißt es, sich in einigen Metern Umgebung nach dem verdeckten Depot umzusehen. In der Spielpraxis können das hohle Baumstämme, Brückengeländer oder Straßenunterführungen sein. Im Versteck findet der Geocacher dann eine Dose, die ein Logbuch und ein kleines Andenken, etwa einen Schlüsselanhänger, enthält. Wer erfolgreich ist, verewigt sich im Logbuch und tauscht das Andenken in der Dose mit einer

Kleinigkeit, die er selbst für den nächsten erfolgreichen Cacher mitgebracht hat.

Geocaching-Fans berichten sich auf den genannten Portalen online gegenseitig über ihre Suchen; Städte wie Hamburg und Hannover bieten auf ihren Websites eigene Informationen und Ziele für begeisterte Schatzsucher an. Dabei werden die Punkte auch in Schwierigkeitsgrade klassifiziert. Immerhin kann ein Cache sowohl relativ zugänglich in der Innenstadt liegen oder auch mitten im Grünen.

Die traditionelle Art des Geocaching, im Fachjargon „Traditional", besteht aus dem Finden einer einzigen Station. An die Schnitzeljagd lehnen sich dagegen die sogenannten „Multis" an, bei denen der erste entdeckte Cache einen Hinweis auf den nächsten gibt und so weiter. Bei Rätsel- oder Mystery-Caches muss der Schatzsucher ein Rätsel lösen, bevor er den Schatz entdecken kann.

Wichtig bei allen Touren: Den sogenannten „Muggles" – so nennen Geocacher alle Menschen, die sich nicht fürs Cachen interessieren – sollte die Suche möglichst wenig transparent gemacht werden. Damit verhindert die Geocache-Gemeinde, dass ihre aufwändig platzierten Ziele der Zerstörung durch Vandalismus zum Opfer fallen.

42 Darts – Treffen Sie ins Schwarze

Welche Sportart, bei deren WM-Finale durchschnittlich 3 Millionen Fans am TV-Gerät mitfiebern und dessen Gewinner ein Preisgeld von 500.000 £ kassiert, können auch Sie ganz leicht in Ihrem Hobbykeller ausüben?

Die Antwort lautet: Darts. Das Spiel mit Zielscheibe und Wurfpfeilen ist in den vergangenen Jahren von Kneipensport zum Massenevent avanciert – dennoch ist nicht mehr dazu nötig als die bereits erwähnte Zielscheibe und drei Pfeile. Das nötige Equipment erhalten Sie in variablen Qualitätsstufen vom einfachen Dartboard aus Sisal, über die magnetische Metallvariante bis hin zum elektronischen Dartboard, das die Punkte selbst zusammenzählt.

Wer Dart spielt, darf sich auch als Sportler fühlen – immerhin wurde der Pfeilwurf bereits vom Deutschen Olympischen Komitee als Sportart anerkannt. Wie beim Bogenschießen oder Schließen kommt es hier auf den perfektionierten Bewegungsablauf an und es besteht die Anforderung, unter mentaler Anspannung eine Höchstleistung abzurufen. Diese Dramatik kommt auch beim Publikum gut an, was an den steigenden Zuschauerzahlen und der wachsenden Anzahl junger Spieler in der Dartszene sichtbar wird.

Doch auch für Laien und Einsteiger im Alter 65+ besitzt der Sport unschlagbare Argumente: Wo ist schon das Equipment derart günstig und der Trainingsort derart flexibel gestaltungsfähig? Der Raum, der gebraucht wird, muss lediglich 2,5 Meter Abstand zur Wurfscheibe garantieren. Nicht zuletzt deshalb bekam Dart den Titel „Golf der Arbeiterklasse“. Wie und wo Sie spielen, ist also ganz Ihnen überlassen. Allein? Mit der Familie oder den Bekannten? Oder in einem der Dartvereine, die in den letzten Jahren äußerst zahlreich gegründet wurden? Im Gegensatz zu Golf hat Dart dabei noch den unschlagbaren Vorteil, dass es ganzjährig und unabhängig von der Witterung gespielt werden kann.

Und schließlich profitiert der Dartsport davon, dass hier Jung und Alt auf einem Level gegeneinander antreten können. Bei Weltmeisterschaften spielen Profis in einer Altersspanne von 19 bis 60 Jahren um denselben Titel. Zugegeben, durch das Pfeilewerfen entwickelt niemand eine hervorragende Kondition – aber die Bewegungsabläufe sind außerordentlich gelenkschonend. Für ältere Semester ebenfalls ein Vorteil: Dart fördert die Konzentrationsfähigkeit und fordert das Gehirn durch die anspruchsvolle Koordination von Hand und Auge.

Und wenn Sie sich nicht selbst für die Wurfsportart begeistern können, aber jemanden kennen, der es könnte, bietet ein solides Dartboard das ideale Geschenk zum Eintritt in den Ruhestand. Schließlich braucht der Ruheständler jetzt eventuell ein neues Ziel, nach dem die Dartpfeile während seines Arbeitslebens vielleicht bevorzugt auf ein Foto seines Vorgesetzten flogen.

43 Planen Sie Ihren Renteneintritt

Falls Sie noch nicht im Ruhestand sind, sondern dieses Unterfangen ein bis zwei Jahre in der Zukunft angesiedelt ist – planen Sie den Wechsel schon jetzt aktiv. Statistiken und Erfahrungen lehren, dass es für die physische Gesundheit und die Seele Vorteile bringt, das Tempo nicht von 100 auf 0 zu drosseln, sondern Teilzeitregelungen für eine sanfte Entwöhnung vom Job zu nutzen. Doch nicht jedem Arbeitnehmer steht diese Möglichkeit offen, bzw. nicht jeder möchte sich auf ein geringeres Gehalt kurz vor dem Ruhestand einlassen.

In diesen Fällen ist es ratsam, den Übergang so früh wie möglich organisatorisch ins Auge zu fassen. Welche Projekte müssen und wollen Sie vorher unbedingt abschließen? Dies tatsächlich zu tun, bedeutet Seelenfrieden und Ruhe im Kopf. Aus der Hirnforschung ist nämlich bekannt, dass uns unerledigte Aufgaben unterschwellig verfolgen und am Ausführen sämtlicher anderer Tätigkeiten hindern. Die Wissenschaft taufte dieses Phänomen nach seiner Entdeckerin, der russischen Psychologin Bljuma Wulfowna Zeigarnik den „Zeigarnik-Effekt“.

Darüber hinaus sollten Sie mit Ihrem Arbeitgeber besprechen, in welcher Form die Übergabe der Aufgaben an Ihren Nachfolger vonstattengeht. Vielleicht besteht die Möglichkeit, den neuen Kollegen bereits einige Wochen vor Ihrem eigentlichen Renteneintritt parallel einzuarbeiten – das gibt Ihrem Nachfolger die Möglichkeit, sich Fragen aus erster Hand beantworten zu lassen, und Ihnen die Gelegenheit, vom Tagesgeschehen bereits Abstand zu nehmen.

Über die Form Ihres Abschieds sollten Sie sich in jedem Fall einige Monate im Voraus Gedanken machen. Je nach Gepflogenheit Ihres Arbeitgebers bekommen Sie vielleicht die Chance, sich bei einem allgemeinen Anlass wie einer Abschiedsfeier von vielen Kollegen in der Gruppe zu verabschieden. Wenn das nicht der Fall sein sollte, sollten Sie sich unbedingt die Zeit dazu nehmen, mit Menschen, die Ihnen im Job nahestanden und bei denen sie befürchten, sich nicht mehr über den Weg zu laufen, ein paar persönliche Worte zu wechseln. Auch hier besteht nämlich die Gefahr, das Unausgesprochenes Sie wiederholt beschäftigt. Ob Sie allerdings Ihren Renteneintritt dazu nutzen wollen, Kritik zu üben, die Sie sonst nie anzubringen wagten, sollten Sie sich gut überlegen. Das „Nachtreten" verschafft nur in den seltensten Fällen ein Gefühl der Befriedigung.

Falls es durch Resturlaub oder gesparte Überstunden irgendwie möglich ist, sollten Sie unbedingt in Ihrer Lieblingsjahreszeit in Rente gehen. Sind Sie ein Sommermensch, der gern Zeit im Garten, mit Radtouren oder am Meer verbringt? Oder lieben Sie den Winter; sind begeistert von Schneesport, Adventsbäckerei und Weihnachtsvorbereitungen? Wenn Sie in der kalten Jahreszeit in Rente gehen, können Sie es außerdem genießen, nicht aus dem Bett in die Kälte zu müssen, während die Berufstätigen an Bahnsteigen und Bushaltestellen schlottern.

Wählen Sie eine Zeit, in der Sie auf einfache Weise viele Ablenkungen und Freizeitaktivitäten finden, dann wiegt der Bruch in der Tagesstruktur nicht so schwer. Positiv beeinflusst können Sie in einer ruhigen Minute besser darüber nachdenken, welchen weitreichenderen neuen Inhalten Sie Ihren neuen Lebensabschnitt widmen wollen.

44 Finden Sie den Flow

Erinnern Sie sich einmal an Ihre besten Arbeitstage. Kam es vor, dass eine Aufgabe Sie so sehr in Anspruch nahm, dass Sie alles andere darüber vergessen konnten? Kennen Sie das Gefühl, von einer Anforderung zwar stark gefordert zu sein, aber bei ihrer Bewältigung gleichzeitig Befriedigung zu verspüren? Voll in die Konzentration einzutauchen und voll in der Tätigkeit aufzugehen? So sehr, dass die Arbeit sich dabei quasi wie von selbst erledigt und Sie dem Fortschritt in seinem Fluss beinahe zusehen können?

Dann sind Sie einer der glücklichen Menschen, die Erfahrungen mit dem „Flow" haben. So taufte der Glücksforscher Mihály Csíkszentmihályi den Zustand des Vertiefens in eine Aufgabe, den er sowohl an Extremsportlern und Chirurgen als auch an Kindern im Spiel beobachten konnte. Im Prinzip kann ihn jeder erreichen, der eine Aufgabe verfolgt, die ihn fordert, aber nicht anödet oder überlastet. Weil im Flow weder Langeweile noch Angst existieren, erlebt der Arbeitende Höhenflüge und ist zu Höchstleistungen fähig.

Falls das Arbeitsfeld, das Sie mit dem Ruhestand verlassen, für Sie eine Quelle der Flow-Zustände bot, sollten Sie nun ernsthaft darüber nachdenken, wo in Ihrem Alltag Sie eine neue anzapfen können. Wenn Sie diesen Zustand zwar kennen, ihn ohnehin aber nur im Verfolgen von Freizeitaktivitäten verspüren, haben Sie jetzt Glück und müssen nur eine Devise verfolgen: Bleiben Sie bei der Sache und steigern Sie Ihr Aktivitätsniveau!

Für alle, die den Flow bislang nur im Beruf erlebten, heißt es dagegen, auf Entdeckungsreise gehen. Und nach Beschäftigungen suchen, die eine meditative Produktivität bei Ihnen erzeugen.

Das kann vom Quilten über das Modellbauen bis hin zum Puzzeln eigentlich alles sein. Wichtig ist allein, dass die folgenden Kriterien erfüllt sind:

- Sie fühlen sich weder über- noch unterfordert. Idealerweise steigen Sie mit einem Gefühl der Leichtigkeit auf einem niedrigen Niveau in die Tätigkeit ein und steigern sich mit der Zeit.
- Sie sind dazu in der Lage, ein sich selbst gestecktes Ziel zu erreichen.
- Sie können sich rückhaltlos auf die Tätigkeit einlassen und Ihre volle Konzentration darauf richten. Das Feedback, ob Sie bei der Bewältigung der Aufgabe auf der richtigen Spur sind, erhalten Sie unmittelbar beim Agieren und zu jedem Zeitpunkt der Arbeitsphase.
- Ihr Zeitgefühl verändert sich spürbar: Die Zeit scheint bei der Flow-Aktivität geradezu zu verfliegen. Ob Sie hungrig oder durstig sind, können Sie sogar eine Zeit lang darüber vergessen.
- Das Tun macht Ihnen keine Mühe, sondern erzeugt ein innewohnendes Gefühl der Zufriedenheit. Damit ist der Weg das Ziel und die Ausführung der Aufgabe fast eine ebenso große Belohnung wie ihr Ergebnis.

Was könnte Sie den Flow erreichen lassen? Tanzen? Handwerksarbeiten am Eigenheim? Bildhauerei? Segeln? Origami? Die Entdeckung einer einzigen Flow-Quelle kann Ihre Glückshormone ankurbeln, Ihre Zufriedenheit steigern und Ihr Leben nachhaltig verändern.

45 Schwingen Sie sich aufs Rad

Haben Sie den „Drahtesel“ sonst immer für den Weg zur Arbeit benutzt? Fantastisch. Dann ist es vielleicht Zeit, im Ruhestand Ihre Strecken etwas auszubauen und in eine inspirierendere Landschaft zu verlegen. Hier macht es nicht nur Spaß, Sehenswürdigkeiten und Naturattraktionen per Zweirad zu entdecken, auch für Ihre Gesundheit tun Sie mit dem Rad eine Menge:

Durch die moderate Anstrengung trainieren Sie Ihr Herz-Kreislauf-System und stärken Ihre Muskulatur. Dabei entlasten Sie bei ergonomischer Fahrradeinstellung Knie- und Hüftgelenke und regen den Stoffwechsel Ihrer Knochen an. Auf diese Weise kann Radfahren altersbedingten Knochenbrüchen vorbeugen und auch bei Rückenproblemen helfen. Damit eventuelle Fehlhaltungen die günstigen Effekte nicht schmälern, sollten Sie die Position von Lenker und Sattel gemeinsam mit einem Fachmann festlegen.

Wenn Sie jetzt einwenden, dasselbe Training auch auf dem Fahrradergometer vor dem heimischen Fernseher absolvieren zu können, lassen Sie vieles unberücksichtigt: Durch den Balanceakt des Fahrradfahrens auf der Straße trainieren Sie Ihren Gleichgewichtssinn und die Koordination. Beides hält neben Ihrem Körper auch Ihr Gehirn fit. Zusätzlich setzen Sie sich dem Sonnenlicht aus, was die Bildung von Glückshormonen wie Serotonin und Vitamin D fördert. Auf diese Weise beugen Sie depressiven Verstimmungen vor.

Und schließlich kann Ihnen kein Fahrradergometer jemals ein vergleichbares Panorama bieten, wie Sie es auf den schönsten Radstrecken Deutschlands und Europas bewundern dürfen. Für Neueinsteiger bietet es sich an, erst einmal das Heimatland auf dem Zweirad zu erkunden und die Belastung individuell an den eigenen Trainingszustand anzupassen:

Zum Beispiel auf einer Radtour durch das **bayerische Altmühltal**. Die 280 Kilometer lange Strecke durch den Naturpark verläuft vorwiegend auf ebenen Straßen und bietet damit Anfängern einen sportlichen und landschaftlichen Reiz. Wer sein Trainingsprogramm mit Kultur aufpeppen will, hat in Rothenburg ob der Tauber und in Regensburg Gelegenheit dazu. Badeseen an der Strecke laden im Sommer zu einem Sprung ins kühle Nass ein.

Viele Seen zu sehen, gibt es für Radtouristen auch im **Dahme-Spree-Gebiet in Brandenburg**. Auf einer geführten Radwanderung starten Interessierte in Fredersdorf und umrunden dann den Großen Müggelsee. Die Landschaft um die Spree besitzt keine nennenswerten Steigungen, sodass auch Einsteiger die Strecken mühelos bewältigen können.

Wer sich etwas mehr zutraut, kann eine Tour über den **Mecklenburgischen Seen Radweg** ins Auge fassen. Die Strecke startet in Lüneburg, das selbst schon eine Stadtbesichtigung Wert ist. Fährpassagen auf der Elbe, die zum Verschnaufen und Bewundern der Uferlandschaft einladen, integrieren sich ebenfalls in die Tour Richtung Müritz. Kulturbeflissene kommen im Schloss von Ludwigslust, in Parchim und in zahlreichen anderen Wasserschlössern auf ihre Kosten. Besondere Highlights bieten etwa das Wasserschloss Mellenthin sowie das Renaissanceschloss in Ueckermünde.

Haben Sie Lust bekommen? Europa verspricht natürlich auch über Deutschland hinaus sehenswerte Strecken für Radfahrer. So können Sie beispielsweise den Jakobsweg auch per Zweirad bewältigen. Wenn Sie Interesse haben, sollten Sie in ein paar

ADAC-Radtourenkarten investieren, deren Informationen zu Routen, Unterkünften und Sehenswürdigkeiten speziell auf Radler abgestimmt wurden.

46 Entdecken Sie Ihre Spiellust

Hier geht es nicht um Brettspiele, sondern um die „Bretter, die die Welt bedeuten". Deutschlands Kulturlandschaft erlebt seit der Jahrtausendwende ein Phänomen: Das Seniorentheater boomt. Kenner der Szene erwarten auch in der nächsten Dekade ein starkes Wachstum der der Zahl von Senior-Amateurschauspielgruppen; quasi als natürliche Folge des Renteneintritts des kulturaffinen ´64er-Jahrgangs.

Dabei sind die schauspielenden Seniorengruppen des Landes sind längst nicht mehr nur auf Laienbühnen unterwegs – sie werden zunehmend in den normalen Theaterbetrieb integriert. So wie in Mühlheim am Theater an der Ruhr, wo das „Theater der Generationen" seine Interpretation von Goethes Faust mit Amateuren im Alter von 52 bis 82 Jahren auf die Bühne brachte. Die 82-jährige Schauspielerin Adelheid Borgmann, die sich nach ihrer Anstellung als medizinischer Assistentin endlich den Traum einer kreativen Berufung erfüllte, strahlt hier in der Rolle des Gretchens.

Mit ihrer späten Karriere als Schauspielerin ist Frau Borgmann in guter Gesellschaft: Allein im bevölkerungsreichten Bundesland Nordrhein-Westfalen haben sich von der Jahrtausendwende bis heute 51 neue Theatergruppen formiert, deren Altersspanne von 50 bis 100 Jahren reicht. Den größten Anteil, etwa 32 Prozent, machen dabei die Schauspieler zwischen 60 und 70 Jahren aus, die nach ihrem Renteneintritt besonders aktiv sind. Allerdings sind die Männer in den Ensembles in der Minderheit: Das Verhältnis von weiblichen zu männlichen Darstellern liegt bei 70 zu 30 Prozent ist. Das tut dem spielerischen Elan keinen Abbruch: Allein in den nordrhein-westfälischen

Seniorentheatergruppen fanden im Jahr 2015 insgesamt 500 Aufführungen mit insgesamt 40.000 Zuschauern statt.

Da Themenfindung und Stückauswahl zumeist in der Mitverantwortung der Schauspieler liegt, bieten die Stücke der Generation 60+ die Gelegenheit, ihre altersspezifische Perspektive für ein breites Publikum auf die Bühne zu bringen. Wie fühlen sich die „Best Ager" von heute? Wie nimmt die Gesellschaft sie wahr? Wie gestaltet sich das Zusammenleben der Generationen? – Diese Fragen versuchen die Seniorenensembles mit ihren Interpretationen bekannter Stücke und auch mit Eigenproduktionen zu beleuchten. Nicht nur im realen Leben, auch in der Kunst wandelt sich auf diese Weise das Bild des einsamen, kränkelnden Alten in eines der aktiv bleibenden „Silver Generation".

Schaut man über Deutschlands Grenzen hinaus, erscheint das Amateurtheater von und mit Senioren als gesamteuropäischer Trend. Auf dem Seniorentheater-Festival *stAGE!* In Esslingen (16. Bis 19.05. 2019) konnte das Publikum sich erstmals vom abwechslungsreichen Spektrum der internationalen Senior-Ensembles überzeugen. Gleichzeitig animierten Workshops die Besucher, selbst ihr schauspielerisches Talent zu erforschen. Falls auch Sie jetzt inspiriert wurden, sollten Sie zuerst auf der Website des Amateurtheaterverbands Ihres Heimatbundeslands nach einer Liste der Laienschauspielgruppen suchen. Dort finden Sie die aktiven Seniorentheatergruppen Ihrer Region und auch jene, die keine Altersgrenzen setzen, sondern mit einer bunt gemischten Besetzung arbeiten.

47 Sammeln Sie Familienrezepte

Rheinischer Sauerbraten, Westfälischer Kastenpickert, Frankfurter Grüne Sauce oder Schlesischer Mohnkuchen – auf Familientreffen mit älteren Verwandten biegt sich die Tafel häufig unter regionalen Köstlichkeiten, die Oma noch eigenhändig zubereitet. Die Enkel greifen mit Freude zu – aber rufen, wieder zuhause angelangt, lieber den Pizza-Service, anstatt sich selbst in die Küche zu stellen.

Falls Sie aus einer Familie stammen, in der eine Kochtradition mit eigenen Gerichten besteht, dann ergreifen Sie doch im Ruhestand die Gelegenheit, alle Familienrezepte zu sammeln und für die kommenden Generationen aufzuschreiben. Sie glauben, dass sei ein eher überflüssiges Unterfangen? Da irren Sie sich!

Kochen gehört zu den Kulturtechniken, die wohl am stärksten vom Aussterben bedroht sind. Denn der Trend läuft in eine andere Richtung: Mit Convenience-Produkten, TK-Menus und Schnellrestaurants brachte die Nahrungsmittelindustrie nach dem Zweiten Weltkrieg systematisch Produkte auf den Markt, die dem Konsumenten die traditionelle Küche abgewöhnen sollten und seinen Lebensstil in Abhängigkeit zu den betreffenden Unternehmen bringen.

Während in den 1980ern bereits Witze über Schulkinder kursierten, die nicht wissen, von welchem Tier die Chicken McNuggets stammen, wissen heutzutage viele 20-Jährige, die ihr Elternhaus verlassen, gar nicht mehr, wie man ein Hähnchenbrustfilet eigentlich selbst zubereitet. Zwar boomen Kochshows im Fernsehen, doch kochen die deutschen Bürger selbst immer weniger: Nur 43 Prozent bereiten sich regelmäßig selbst ihr Essen zu; 13 Millionen Deutsche dagegen geben in Umfragen an, niemals selbst zu kochen.

Glücklicherweise avanciert das Kochen im Zuge des Nachhaltigkeits-Trends für Teile der Bevölkerung wieder zur lohnenden Freizeitgestaltung. Und gleichzeitig wächst der Markt für regional erzeugte landwirtschaftliche Produkte. Ihre Enkel und Urenkel wollen in Zukunft darauf zurückgreifen, was Ihre Großeltern noch über die regionale Küche wussten. Denn leider sind bereits heute viele Rezepte der Vergangenheit nicht mehr nachvollziehbar.

So wie Silphium, die beliebte Gewürzpflanze des Alten Roms, im Jahre 2019 ausgestorben ist, weiß man heute nicht mehr, wie Märchenerzähler Jakob Grimm das Lerchenfleisch zubereitete, das er besonders als Gericht für kleine Kindern empfahl.

Wenn Sie den Verzehr von Singvögeln aus Tierschutzgründen ablehnen, können Sie sich kulinarisch einem anderen Flugtierchen zuwenden: Denn während Aldi und Lidl aktuell Insektensnacks als Hipster-Muskelfood anbieten, ist kaum mehr bekannt, dass ursprünglich die Maikäfersuppe das traditionelle Insektengericht Europas war. Neben der Brühe aus den großen Käfern bot man die Tierchen im 19. Jahrhundert sogar als kandierte Snacks für Studenten an. Diese Tatsache erwähnte ein Dr. J.J. Schneider 1844 im „Magazin für Staatsarzneikunde“ – wie genau man die Käfer allerdings zubereitete, ist heute unbekannt.

Wollen Sie verhindern, dass auch Fliederbeerkaltschale und Thüringer Klöße dem Vergessen anheimfallen? Dann starten Sie ein Sammelprojekt für Familienrezepte in Ihrer Verwandtschaft. Im Idealfall beginnen Sie damit in einem Online-Dateiordner, einer Cloud, zu der Ihre Geschwister, Cousins und Cousinen ebenfalls

Zugang besitzen. Mit der Zeit kann dort jeder seine eigenen Rezepte oder die Rezepturen von älteren Verwandten beisteuern, Fotos davon hinterlegen und ein Gesamtwerk schaffen. Wenn Sie Lust haben, bringen Sie das Material selbst grafisch in Form oder lassen Sie sich von versierten Neffen, Nichten oder Bekannten dabei helfen. Das fertige Buch können Sie günstig in kleiner Auflage bei einer Online-Druckerei produzieren lassen und haben bereits das passende Weihnachtsgeschenk für die ganze Familie parat – sowie eine kulturtechnisch wertvolle Datenbank für die Nachwelt.

48 Setzen Sie sich Ihre neuen Ziele auf SMARTe Weise

Geht es Ihnen auch so? Viele Neurentner nehmen sich für ihren Ruhestand eine Menge vor: Italienisch lernen, Radfahren, endlich den Dachboden entrümpeln, ihr Handicap verbessern, nochmal studieren und vieles mehr. Doch die Vorhaben in die Tat umzusetzen, ist gar nicht so einfach. Das Jahr vergeht, Termine verstreichen und beim Silvestersekt merken die einst so ambitionierten Ruheständler, dass sie auch im vergangenen Jahr keines ihrer Ziele auch nur annähernd erreicht haben. *„Was soll der Stress – immerhin bin ich Rentner!“* ist dann die Entschuldigung, die man sich selbst gegenüber vorbringt. Doch mit allzu großer Nachsicht schneiden Sie sich ins eigene Fleisch. Je weniger Erfolge Sie feiern, desto schneller vergeht Ihre subjektive Zeit und desto seltener genießen Sie Duschen von Glückshormonen wie Dopamin und Serotonin, die Ihre Lebensmotivation steigern und die Welt in bunteren Farben erstrahlen lassen.

Was also tun, wenn es an der Motivation hapert? Die Antwort liegt in der richtigen Formulierung Ihrer persönlichen Ziele für den Ruhestand. Sie müssen so beschaffen sein, dass sie sinnvoll und erfolgsversprechend erscheinen und Sie quasi wie von selbst dem roten Faden folgen. Bis Sie an Silvester zurückschauen und sich denken: *„Unglaublich, was im letzten Jahr alles passiert ist!“*

Die geeignete Zielformulierungsmethode, die von vielen Motivationscoaches empfohlen wird, nennt sich – eben, weil sie so klug ist – SMART zielen.

Smart ist dabei ein Akronym für: spezifisch, messbar, attraktiv, realistisch und terminiert.

Im Konkreten sollten Ihre Ziele die folgenden Kriterien erfüllen:

Spezifisch: *„Mein Italienisch verbessern"*, *„etwas mehr für meinen Körper tun"* oder *„mehr Zeit mit meinen Enkeln verbringen"* – all das sind ungünstige Formulierungen. Fragen Sie sich lieber: Was will ich mit den verbesserten Sprachkenntnissen erreichen? Eine Konversation führen? Ein Buch lesen? Im nächsten Urlaub allein für Einkauf und Unterkunft verantwortlich sein können? Wer sich dagegen mehr Fitness wünscht, sollte sich eventuell eine spezielle Wander- oder Radstrecke aussuchen, die er ohne Schwierigkeiten bewältigen will. Nur wenn Ziele konkret formuliert werden, kann unser Gehirn sie unterschwellig mitverfolgen.

Messbar: 10 Kilometer Radfahren dreimal in der Woche – ob Sie diese Schritte zum Ziel tatsächlich verfolgen, ist konkret messbar. Auch das Lernen von Vokabeln oder das Besuchen eines Sprachkurses bieten nachvollziehbare Fortschritte auf dem Weg zum Ziel. Das Ziel selbst können Sie idealerweise in kleinere Etappenziele gliedern, um es für Ihr Empfinden leichter erreichbar wirken zu lassen. Der Erfolg, jeden Monat oder alle paar Wochen eine Etappe absolviert zu haben, motiviert wieder aufs Neue für das Gesamtvorhaben.

Attraktiv: Im Akronym „smart" kommt es erst an dritter Stelle, dennoch sollten Sie sich ganz zu Beginn fragen, was das betreffende Ziel eigentlich für Sie attraktiv macht. Planen Sie vielleicht, ein Ferienhaus in Italien zu erwerben? Dann verhilft Ihnen die Kenntnis der Landessprache zu mehr Lebensqualität. Wenn Sie sich aber einer Wandergruppe anschließen, nur um ein paar Pfunde zu verlieren, sollten Sie prüfen, ob der Spaßfaktor das Vorhaben trägt. Andernfalls suchen Sie sich lieber einen attraktiveren Sport oder feilen Sie an Ihrem Ernährungsprogramm.

Realistisch: Hier tappen gerade Ruheständler in die Falle – sie muten sich nämlich zu wenig zu. Klar ist, dass Sie mit über 60 keinen Leichtathletik-Sieg auf Weltniveau mehr erringen werden. Doch in punkto Weiterbildung ist vieles möglich, wie spätberufene Selbstständige beweisen. Trauen Sie sich etwas zu!

Terminiert: Das betrifft alle Altersstufen. Wer sich für sein Ziel keine Frist setzt, läuft Gefahr, dass ein Vorhaben im Sande verläuft. Legen Sie deshalb sowohl einen großzügig bemessenen Termin für ihr Endziel fest, wie auch Termine im Monatsrhythmus, die Ihre Etappenziele kennzeichnen.

Haben Sie das Prinzip verstanden? Dann wenden Sie es unmittelbar auf Ihr aktuell erstes Ziel auf Ihrer Prioritätenliste an und formulieren Sie es smart.

49 Was macht eigentlich ...?

Gehen Sie gern zu Klassentreffen? Wenn Sie den Anblick Ihrer ergrauenden Mitschüler kaum ertragen können, weil er Sie zu sehr an Ihr eigenes Älterwerden erinnert, ist der folgende Tipp vielleicht nichts für Sie. Für alle anderen gilt: Nutzen Sie den Ruhestand, um verlorene Kontakte wiederzubeleben!

Dass man sich aus den Augen verliert, liegt nicht selten am Zeitstress, den das Arbeitsleben mit sich bringt. Der entfernten Cousine verspricht man vielleicht, sie an ihrem Auswanderungsziel Australien zu besuchen. Dem scheidenden Kollegen stellt man in Aussicht, ihn mal auf eine Angeltour zu begleiten. Und dann und wann fragt man sich, was eigentlich aus dem besten Freund aus Studientagen geworden ist. Doch, während der Alltag regiert, verliert man die Versprechungen aus den Augen und vergisst, dass man den ehemaligen Kommilitonen auf Facebook suchen könnte.

Im Ruhestand haben Sie nun ausreichend Zeit, um „Social Updating“ zu betreiben. Doch, damit Sie erfahren können, was die ehemaligen Mitschüler so machen, müssen Sie sie zuerst aufspüren. Am einfachsten ist der Kontakt hier wahrscheinlich über gemeinsame Bekannte hergestellt, doch auch das Internet bietet gute Möglichkeiten. Auf dem Portal *Stayfriends* können Sie sich beispielsweise unter Angabe Ihres einstigen Schulorts registrieren, um ehemalige Mitschüler wiederzufinden. Falls *Google* bei der Personensuche versagt, wichen Sie auf Personensuchmaschinen wie *Yasni* oder *Personensuche.de* aus. Sie tragen Daten, Bilder, Texte, Dokumente, Blogeinträge, Videos, Telefonnummern sowie Profile von Mitgliedschaften in sozialen Netzwerken zusammen.

Stichwort „soziale Netzwerke“ – auch eine Mitgliedschaft bei Facebook lohnt sich, wenn man Menschen wiederfinden will, die man aus den Augen verloren hat. Die Plattform nutzen aktuell weltweit 2,7 Milliarden Menschen, sodass ein Wiedertreffen hier statistisch am wahrscheinlichsten ist. Über das Netz der gemeinsamen Freunde können auf diese Weise ganze Gruppen ehemaliger Mitschüler oder Kommilitonen wieder zusammenfinden. Aufpassen sollten Sie hier lediglich bei den Privatsphäre-Einstellungen. Veröffentlichen Sie für die Allgemeinheit ausschließlich Daten von sich, die auch wirklich jeder einsehen darf.

Und worüber reden wir dann? Diese bange Frage stellen sich viele, wenn alte Freunde zum Treffen einladen. Aber, keine Sorge: Die gemeinsame Vergangenheit lässt Sie den Kontakt wahrscheinlich so schnell wieder anknüpfen, als habe man sich erst vorgestern voneinander verabschiedet. Zusätzlich bieten alle gemeinsamen Bekannten und deren Biografie die Garantie, dass so schnell nicht der Gesprächsstoff ausgeht. Ob aus der wiederentdeckten Bekanntschaft dann eine neue Freundschaft wachsen kann, steht auf einem anderen Blatt. Hier wirken gemeinsame Interessen und räumliche Nähe als Katalysatoren. Und wenn sich die Geschichte nicht fortsetzt, ist es auch nicht so tragisch. Dann sind Sie einfach einmal auf den neuesten Stand gebracht worden.

50 Coaching - Beraten aus Erfahrung

Während des Berufslebens lernen Sie nicht nur technische oder fachspezifische Fähigkeiten, Sie trainieren auch Ihre Qualitäten im psychologischen und zwischenmenschlichen Bereich. Denn wer als Führungskraft sein Team koordinieren muss oder im Kundenkontakt ein kritisches Gegenüber überzeugen will, der ist nur erfolgreich, wenn er den Faktor Mensch durchblickt. In vielen Dekaden Berufserfahrung haben Sie vielleicht gelernt, virtuos auf der Klaviatur des menschlichen Miteinanders im Unternehmen zu spielen. Vielleicht spielen Sie jetzt mit der Idee, diese Kompetenz im Ruhestand als Unternehmenscoach auf den Markt zu bringen.

Dieses Unterfangen hat Vor- und Nachteile. Die gute Nachricht: Sie können sofort anfangen. Denn, im Gegensatz zu vielen anderen Berufsbezeichnungen in Deutschland, ist der Begriff „Coach" nicht geschützt. Jeder darf ihn führen und kann damit erfolgreich sein, wenn er es versteht, seinen Werdegang werbewirksam darzustellen. Der Nachteil: Durch die fehlende Regulierung der Coaching-Ausbildungen bewegen sich auch viele Scharlatane und Blender auf dem Markt. Wenn Sie als Business Coach noch eine zweite Karriere anstreben, sollten Sie daher einen Zertifikatskurs eines seriösen Anbieters absolvieren, um Ihre praktischen Kompetenzen gegenüber Auftraggebern untermauern zu können. Als fundiert gelten hier Kurse, die von einem seriösen Dachverband anerkannt oder organisiert werden. Die anerkannten Dachverbände – im Bereich Coaching gibt es derer viele – haben sich wiederum im „Roundtable Coaching" organisiert. Falls Sie eher eine Weiterbildung im universitären Umfeld anstreben, werden Sie an der LMU München und der FU Berlin fündig. Doch bezüglich Ihres Vorhabens sollten Sie sich einigermaßen sicher sein – die Kurskosten liegen in den meisten Fällen immerhin zwischen 3000 und 7000 Euro.

Falls Sie sich aufgrund Ihres beruflichen Hintergrundes für eine Tätigkeit als Persönlichkeits- oder psychologischer Coach interessieren, finden Sie auch für dieses Tätigkeitsbild einen Zertifikatskurs an vielen Fernuniversitäten. Diese Lehrgänge enthalten häufig Elemente aus der Kognitiven Verhaltenstherapie, der Hypnotherapie, des NLP, der systemischen Organisationsberatung sowie Hinweise zur Gründung einer eigenen Praxis. Im Unterschied zu einem Psychologen oder einem Psychiater beraten Sie jedoch keine Menschen, die unter Störungen mit Krankheitswert leiden (z.B. Depressionen, Schizophrenie und Süchte). Vielmehr unterstützen Sie gesunde Menschen in punkto Entscheidungsfindung, Partnerschaft, Karriereplanung oder Problemlösung.

Wie Sie dabei Ihr persönliches Profil als Coach gestalten, bleibt völlig Ihnen überlassen und hängt auch von Ihrem beruflichen Erfahrungshintergrund ab. Aufgrund der Fülle des Angebots, ist es ratsam, sein Programm unter ein Motto zu stellen, das Ihnen gegenüber der Konkurrenz als Alleinstellungsmerkmal dient. „Familien-Coach“; „Resilienz-Coach“ oder „Coach für Persönlichkeitsentwicklung“ sind beispielsweise gängige Bezeichnungen. Wie viel Aufbesserung eine Coaching-Tätigkeit dann für Ihre monatliche Rente bedeutet, liegt ganz an Ihrem Geschick, Klienten zu akquirieren und zu binden. Unternehmens-Coaches erhalten in der Regel einen Stundensatz von 50 bis 300 Euro, Coachingstunden für Privatpersonen werden meist im Bereich 50 bis 100 Euro abgerechnet.

51 Mentoring und Patenprogramme

Wenn Sie sich aktuell im Ruhestand befinden, sind Ihre eigenen Kinder – so Sie denn welche haben – höchstwahrscheinlich aus dem Elternhaus ausgezogen und längst selbstständig. Falls Sie dennoch den Wunsch verspüren, Kinder und Jugendliche zu unterstützen und damit etwas für kommende Generationen zu tun, bleiben Ihnen noch die – eventuell vorhandenen – Enkelkinder oder die Teilnahme an Patenschafts- und Mentoringprogrammen.

Diese Initiativen haben es sich zum Ziel gesetzt mithilfe von Ehrenamtlichen junge Menschen in ihrer schulischen, gesellschaftlichen und beruflichen Entwicklung zu unterstützen. Häufig richtet sich das Angebot dabei auch an Kinder von Migranten, die Hilfe beim Erlernen der deutschen Sprache benötigen. Welche Programme in Ihrer Umgebung laufen, erfahren Sie am besten im Internet unter den Suchbegriffen „Mentor + Ihr Wohnort“ oder „Patenprojekte + Ihr Wohnort“.

Auf diese Weise gelangt man beispielsweise zum *Hamburger Mentor Ring*, der mit rund 4000 Mentoren und Mentorinnen etwa 40 Projekte betreut. Viele haben ein 1:1-Format, d.h. hier unterstützt jeweils ein erwachsener Mentor ein Kind bzw. Jugendlichen, wobei der Aufbau einer persönlichen Beziehung großen Anteil am Erfolg des Vorhabens hat. Die Mentoren unterstützen Ihre „Mentees“ bei den Hausaufgaben, unternehmen mit Ihnen Aktivitäten in ihrer Freizeit, helfen beim Schreiben von Bewerbungen oder vermitteln, wenn es Schwierigkeiten in der Ausbildung gibt. Ziel ist nicht nur ein guter Schulabschluss, sondern auch ein gesteigertes Selbstbewusstsein bei den jungen Menschen sowie ein erweiterter Horizont auf beiden Seiten der Beziehung.

Die Vielfalt der Programme koordinieren in vielen Städten die Freiwilligenagenturen. Sie suchen unter anderem Lesepaten, die bei Grundschulkindern die Begeisterung für Bücher wecken, oder Familienpaten, die Eltern und Geschwister nach der Geburt eines Babys unterstützen. Auch Frauen, die sich nach Erfahrungen häuslicher Gewalt aus dem Schutz eines Frauenhauses heraus ein neues Leben aufbauen wollen, profitieren von der Unterstützung weiblicher Patinnen. Welche Qualifikationen die jeweiligen Paten und Mentoren dabei besitzen sollten, erfahren Sie ebenfalls bei Ihren örtlichen Koordinationsstellen (z.B. einer Freiwilligenagentur).

Einen jungen Menschen ein Stück seines Lebensweges zu begleiten, bietet dabei für Rentner ebenso einen wertvollen Zugewinn wie für das Patenkind. Ruheständler können ihre Lebenserfahrung weitergeben und behalten das Gefühl, gebraucht zu werden. Gleichzeitig inspiriert die Perspektive eines Kindes dazu, die Welt selbst noch einmal neu zu betrachten und Dinge zu entdecken, die sonst weit vom eigenen Alltags-Kosmos entfernt liegen. Häufig bleibt eine Patenschaft dann auch nach dem anberaumten Zeitraum als Kontakt bestehen und bereichert das soziale Netzwerk beider Partner.

52 Denken Sie positiv

„Ein Optimist ist ein Mensch, der alles halb so schlimm findet – oder doppelt so gut!"

Finden Sie sich in diesem Zitat von Heinz Rühmann noch wieder? Oder dominiert in Ihrem Denken bereits der Verlust? Viele Ruheständler plagen Gedanken, die darum kreisen, dass das Geld knapper ist als früher, dass die Kräfte schwinden und dass zwar die Arbeit nicht mehr da ist aber der Sinn eben auch nicht mehr so sehr. Was soll da noch kommen? Denn, wie schon Franz Josef Strauß unkte:

„Selbst, wenn man eine rosarote Brille aufsetzt, werden Eisbären nicht zu Himbeeren!"

Dieses Denken, das sich so gern als „Realismus" tarnt, ist in Wirklichkeit Gift für Ihre Gesundheit. Und zwar wissenschaftlich erwiesenermaßen: In seiner Dissertation beobachtete der Psychologe Stefan Krause, wie Menschen sich von einer Verletzung des zentralen Nervensystems erholten. Wieder stehen und gehen zu lernen, belastet Körper und Psyche dabei gleichermaßen. Er registrierte zwei Gruppen von Patienten:

Die einen konnten ihre Fortschritte nüchtern einschätzen, während die anderen sie „durch eine rosarote Brille" sahen und ihren Genesungsverlauf wesentlich positiver betrachteten, als er es objektiv gesehen war. Der signifikante Unterschied zwischen den beiden Patientengruppen war am Ende nicht der Heilungsverlauf selbst, sondern dass die Realisten deutlich häufiger an einer Depression erkrankten als die Träumer.

Ähnliches konnten Forscher auch bei werdenden Müttern beobachten: Je positiver und auch unrealistischer ihre Erwartungen bei der Ankunft auf der Geburtsstation aussahen, desto seltener litten sie nach der Geburt an einer postpartalen Depression. Darüber hinaus fanden Ärzte Zusammenhänge zwischen einem größeren Optimismus vor einem operativen Eingriff und einer kürzeren Rehabilitationszeit, besseren Ergebnissen im EKG, besseren Blutwerte und einer besser funktionierenden Wiedereingliederung ins Erwerbs- und Sozialleben. Wissenschaftler gehen heute davon aus, dass eine „positive Verzerrung der Realität" essenziell an der psychischen und physischen Gesundheit beteiligt ist. Oder, wie es ein Psychologe ironisch zusammenfasst:

„Psychologen entdecken langsam, was viele Laien bereits seit Jahren wissen – dass positives Denken hilft!"

Wie sieht es damit bei Ihnen aus? Erlauben Sie sich ruhig, mal ein bisschen in die Zukunft zu träumen und gestatten Sie sich, Ihre Fähigkeiten, Ihr Dasein und Ihre Perspektive für die Zukunft durch die rosarote Brille zu sehen. Meditation, Yoga sowie Hobbies, die Ihnen Erfolge schenken, helfen dabei, zu entspannen und sein Umfeld freundlicher zu beurteilen. Und wenn Sie sich dennoch zu viele Sorgen machen, lesen Sie Tipp 13, in dem Sie erfahren, warum Sie sofort damit aufhören müssen.

53 Werden Sie Stadtführer

Falls Sie gern Ihre Gäste zu den Sehenswürdigkeiten Ihrer Heimatregion führen und deren Historie in unterhaltsamen Anekdoten verpacken, bietet sich im Ruhestand die Chance, dieser Tätigkeit semi-professionell nachzugehen. Denn das Reiseland Deutschland boomt: Die Tourismusbranche verzeichnete 2018 ihr neuntes Rekordjahr in Folge und viele Besucher von hier und aus aller Welt bedürfen der kompetenten Führung durch einen Gästeführer. Wo könnten Sie diese Aufgabe besser erfüllen, als in Ihrer Heimatstadt?

Um Gästeführer zu werden, brauchen Sie weder ein Studium noch eine Ausbildung. Theoretisch darf sich jeder so bezeichnen – die Städte und Kommunen kooperieren allerdings bevorzugt mit Gästeführern, die eine regional anerkannte Prüfung abgelegt haben. Dass kann innerhalb eines Volkshochschulkurses geschehen oder mit einem Zertifikat nach der Ausbildungsordnung des Bundesverbands der Gästeführer in Deutschland (BVGD).

Grundsätzlich müssen Sie als Gästeführer die Historie der Stadt, die regionale Landschaft und die Architektur kennen, wie auch an aktuellen politischen Ereignissen interessiert sein. Natürlich sind Fremdsprachenkenntnisse absolut wünschenswert – denn nicht jeder Tourist spricht bekanntlich Deutsch. Darüber hinaus brauchen Stadtführer auch einen gewissen Hang zur Selbstdarstellung, schließlich will sich im Urlaub niemand durch ein Referat aus trockenen Zahlen und Fakten quälen. Unterhaltsame Gästeführer bringen ihre eigene Persönlichkeit mit in den Vortrag ein, manch einer verkleidet sich gar als historische Figur, um der Vergangenheit Leben einzuhauchen.

Auch die Themenauswahl dürfen Sie flexibel gestalten. Gefragt sind natürlich Führungen zu den bekannten Sehenswürdigkeiten einer Stadt, aber auch Themenführungen, die nur ausgewählte Aspekte der Architektur, Kunst oder Musik einer Region beleuchten. Speziell die innerdeutschen Urlauber lieben auch die skurrilen Stadtführungen wie die Tatort-Führung in Münster, die zu den bekannten Schauplätzen des Krimis führt, oder die Münchner Karl-Valentin-Führung, die ganz dem legendären Komiker gewidmet ist. Die Hamburger Kieztour durch das Rotlichtviertel um die Reeperbahn zählt dagegen schon zu den Klassikern.

Gerade Großstädte wie Hamburg fordern die kreative Vielfalt ihrer Gästeführer heraus: Zwischen der eleganten Hafencity, den Stadtvillen in Blankenese, dem widerspenstigen Charme St. Paulis und dem Hafen als „Tor zur Welt" gibt es unzählige Nischen, die den spätberufenen Gästeführern als Bühne dienen können. Falls Sie kreativ genug sind, Ihren individuellen Plan für Ihre Stadtführung zu entwickeln, sollten Sie darüber hinaus die Kondition Ihrer Teilnehmer im Blick behalten – Ihre eigene natürlich auch. Klassischerweise finden die Führungen zu Fuß statt, doch auch Alternativen per Rad oder mit dem futuristischen Stehroller Segway sind beliebt.

Rentner, die noch wissen, wie man Informationen in einer analogen Bibliothek recherchiert, haben außerdem den *Digital Natives* von heute als Gästeführer viel voraus. Denn letztendlich setzt sich die Geschichte einer Stadt aus kleinen Anekdoten zusammen und dabei beeindrucken das Publikum besonders jene, die eben nicht auf Wikipedia zu finden sind.

54 Tai Chi – Kampfkunst in Zeitlupe

In China gehört dieses Bild zum Alltag – in Deutschland findet man es in Metropolen immer häufiger: Menschen, die in öffentlichen Parks in weiter Kleidung einer fließenden Choreografie in Zeitlupe folgen. Tai Chi, eigentlich Taijiquan, könnte auch Sie interessieren, wenn Sie auf der Suche nach körperlicher Stärkung und seelischer Ausgeglichenheit sind.

Im Ursprung handelt es sich bei Tai Chi um eine Kampfkunst; das verrät auch die Übersetzung des Namens „Die große Harmonie von Yin und Yang im Nutzen der Faust". Traditionelle Formen des Sports können tatsächlich mit Schwert, Säbel oder Speer praktiziert werden, doch im modernen Tai-Chi steht die fließende Abfolge von Einzelbewegungen im Vordergrund. Die ästhetische Choreografie, die Muskeln und Gelenke bis ins hohe Alter hinein geschmeidig hält, hat, wie für asiatische Bewegungsdisziplinen üblich, einen philosophischen Überbau. Es geht um die Regulierung der Lebensenergie, des *Qi*.

Ziel ist ein Gleichgewicht zwischen aufnehmenden Yin-Bewegungen und abgebenden Yang-Bewegungen. Dabei lehnen sich die Bewegungen an Bilder der Natur an: So richten sich Tai-Chi-Praktizierende auf wie eine Blume zur Sonne, die sowohl fest in der Erde verwurzelt ist, aber sich doch flexibel zu allen Seiten neigen kann. Alle Bewegungen des Tai Chi sollen so fließen wie Wasser. Wer sich in diese Bilder hineinfühlen kann, für den hat Tai Chi viel zu bieten.

Wenn Sie allem Esoterischen eher kritisch gegenüberstehen, halten Sie sich an die wissenschaftlichen Fakten: Erwiesenermaßen lindert Tai Chi die Schmerzen bei Fibromyalgie und Wirbelsäulenbeschwerden. Da die Übenden statt der flachen

Brustatmung die tiefe Bauatmung anstreben, hilft es bei Herz-Kreislauf-Erkrankungen und Schlafstörungen. Darüber hinaus fördern die fließenden Posen die Koordinationsfähigkeit und den Gleichgewichtssinn. Laut einer Studie, die 2018 im *JAMA Internal Medicine* veröffentlicht wurde, kann Tai Chi auch hochaltrige Menschen besser vor wiederholten Stürzen schützen als ein konventionelles Training oder einfache Dehnungsübungen. Nicht zuletzt lindert die Atemtechnik wirksam Stress und fördert die Konzentration. Damit eignet sich Tai Chi auch für Rastlose, die zwar beim Meditieren nicht stillsitzen können, aber trotzdem ein Bedürfnis nach Entschleunigung haben.

Falls Sie Lust bekommen haben einzusteigen, sollten Sie nicht nur Video-Tutorials nutzen, sondern sich die Atemtechnik und die Grundübungen in einem Anfängerkurs von einem professionellen Trainer zeigen lassen. Viele Choreografiebausteine – der Fauststoß, der Fußstoß und das Kreuzen der Hände – wiederholen sich schließlich in neuen Kombinationen immer wieder. Wenn Sie dann sicher in der Bewegung sind, können Sie ganz ortsunabhängig auch im heimischen Wohnzimmer trainieren.

55 Petri Heil!

Angler sind schon ein skurriles Völkchen: Sie stehen morgens um halb 5 am See, um den Wetterwechsel abzupassen, strapazieren die Nerven ihrer Gattin, weil sie die Köder-Fleischmaden im Gemüsefach des Kühlschranks lagern und starren stundenlang unbewegt Löcher in die Luft, nein, Wasseroberfläche. Alles nur, um dabei bei 9 von 10 Versuchen keinen Fisch zu fangen. Und dann das höchste Glück zu erleben, wenn beim 10. Mal doch einer beißt.

Dieses Glück muss derart ekstatisch sein, dass es ein waschechter Angler eben auch allen anderen Vergnügen vorzieht. Das suggeriert zumindest eine britische Umfrage, in der die Befragten Angler entscheiden durften, ob sie lieber einen Lachs ans Land ziehen oder mit einem Supermodell im Bett landen wollten. Zwei Drittel der Männer entschieden sich für den Lachs.

Und auch in Deutschland entscheiden sich viele Menschen, mit Angeln ihre Freizeit zu verbringen. Rund 1,1 Millionen gewohnheitsmäßige Angler gibt es hier neben 5,3 Millionen Menschen, die angeben, gelegentlich zu angeln. Also muss etwas dran sein, am meditativen Beobachten der Leine und des Köders. Haben Sie es auch schon einmal versucht, oder glauben Sie, dass man aus Prinzip nicht angeln sollte? Wo ist der Haken?

Viele Menschen, die in den Medien von der Überfischung der Gewässer gehört haben, stehen dem Angeln erst einmal skeptisch gegenüber. Dabei lassen sie außer Acht, dass Anglervereine nicht nur zum Ziel haben, Fische zu fangen, sondern auch, die Gewässer und Uferbereiche zu pflegen und zu schützen. Angler in Deutschland leisten jedes Jahr mehrere hunderttausend ehrenamtliche Arbeitsstunden, um Gewässer zu renaturieren, Brutplätze für Fische einzurichten, Maßnahmen für den Artenschutz zu ergreifen und Müll am Ufer aufzusammeln. Daran sind sie im Prinzip sogar gebunden, denn das Fischereirecht in Deutschland verpflichtet auch zur Hege und Pflege der Gewässer. Hier scheint die Devise „Der Mensch schützt nur das, was er kennt und bestenfalls liebt" gut aufzugehen, denn laut Untersuchungen weisen beangelte Gewässer einen vergleichbaren oder gar größeren Artenbestand auf als nicht befischte Seen und Flüsse. Aktuell wird hierzulande eine Wasserfläche von etwa 267.000 ha durch Anglervereine gepflegt und bewirtschaftet – das entspricht der Fläche des Saarlands.

Falls auch Sie sich engagieren wollen und natürlich den Spaß am Angeln genießen, sollten Sie sich im ersten Schritt einem örtlichen Angelverein anschließen. Er führt Lehrgänge durch und vergibt die nötigen Tages-, Wochen- oder Monatskarten an Gelegenheitsangler.

56 Leben Sie Integrität

Unser erwachsenes Leben verläuft in Phasen. Der Psychologe und Neofreudianer Erik H. Erikson beschreibt sie folgendermaßen. Zuerst versuchen wir, eine Beziehung zu anderen aufzubauen, danach erleben wir eine Periode des Schaffens und Weitergebens und schließlich, als Höhepunkt des menschlichen Daseins, erreichen wir persönliche Integrität. Doch was bedeutet der Begriff eigentlich? Integrität wird vom lateinischen *integritas* abgeleitet, was so viel heißt wie „vollständig" oder „unversehrt". Integer handelt eine Person, die ihre Werte dabei nicht verletzt. Integrität regiert damit in einem Leben, das völlig von den eigenen Werten geleitet wird, anstatt sich nach äußeren Verlockungen zu richten oder von externem Druck verbiegen zu lassen.

Warum Erikson die Integrität in die späte Erwachsenenphase legte, die heutzutage mit dem Ruhestand übereinstimmt, macht Sinn: Während Ihres Berufslebens mussten Sie vermutlich täglich Kompromisse zwischen Ihren Idealen und äußeren Ansprüchen finden. Wenn der Chef anordnet, wie es gemacht wird, kann ein Mitarbeiter kaum etwas daran ändern, selbst, wenn es ihm moralische Bauchschmerzen bereitet. So lange, bis die Verletzung der Ideale zuweilen so unaushaltbar wird, dass man kündigt. Doch diese Option ziehen nur wenige in Betracht, wenn jeden Monat Raten oder Mieten fällig sind. Insgesamt kann der Beruf den eigenen Wertkompass stark belasten.

Im Ruhestand hört das auf. Im Idealfall genügt Ihnen Ihr Geld für die Existenz – bezüglich Ihrer Handlungen müssen Sie sich nach niemandem mehr richten. Das gibt Ihnen die Freiheit, sich völlig integer zu verhalten. Falls Sie sich noch nie konkret Gedanken über Ihre eigenen Werte und Ideale gemacht haben, lohnt es sich jetzt besonders. Schließlich können sich die Leitlinien über die Jahre auch deutlich wandeln. Ihren individuellen Werten kommen Sie auf die Spur, wenn Sie die folgenden Fragen beantworten:

- Welcher Tätigkeit räume ich in meinem Alltag die höchste Priorität ein?
- Warum ist sie für mich am wichtigsten?
- Wer sind die wichtigsten Menschen in meinem Leben?
- Welche Eigenschaften besitzen sie, die ich über allen anderen Merkmalen schätze?
- Was ärgert und verletzt mich am Handeln anderer am meisten?
- Ohne welche Eigenschaft oder Absichten, würde ich mein Leben als sinnlos betrachten?

Diese Fragen können Sie auf die Spur Ihrer aktuellen persönlichen Ideale führen. Und vielleicht sogar zu neuen Unternehmungen anregen. Versuchen Sie für sich selbst zu bestimmen, welche Werte Sie absolut verinnerlicht haben. Toleranz? Hilfsbereitschaft? Gesellschaftliche Anerkennung? Kreativität? Sicherheit? Nachhaltigkeit? Finanzielle Sicherheit?

Wenn Sie erkannt haben, welche Vorstellung Sie ausmacht, scheuen Sie sich nicht, alle Ihrer Handlungen daraufhin zu prüfen. Integer zu leben und sich völlig den eigenen Werten zu verschreiben, reduziert Ängste und setzt Energien frei. Integre Menschen brauchen nicht zu befürchten, von anderen aufgrund ihrer Handlungen abgelehnt zu werden, wenn sie willig sind, mit allen Konsequenzen zu leben. Denn das Verfolgen eigener Ideale ist psychologisch eine wesentlich bessere Investition als ein kurzfristiges Verhindern von Kritik, indem man sich verbiegt. Darüber hinaus leiden Sie auch nicht mehr unter den quälenden Konflikten, Dinge zu tun, die Sie eigentlich nicht gutheißen. Widmen Sie Ihren Ruhestand lieber der geistig-emotionalen Klarheit, selbst wenn es Ihr Umfeld dann und wann irritieren sollte.

57 Puzzeln - Gehen Sie ins Detail

Sie glauben, Puzzeln sei eine Beschäftigung für Kinder? Zumindest wollte Puzzle-Erfinder John Spilsbury im Jahre 1767 den lieben Kleinen etwas beibringen, indem er eine hölzerne Karte Englands mit einer Laubsäge entlang der Grafschaftsgrenzen zerteilte, damit die Schüler sie wieder zusammensetzen konnten. Doch die unkonventionelle Lernmethode erhob sich rasch zum Vergnügen für wohlhabende Erwachsene, die sich Weltkartenpuzzles aus Mahagoni- oder Zedernholz als Prestigeobjekte zulegten. Selbst von König George III. ist bekannt, dass er sich gern am Wochenende auf seinen Landsitz zum Puzzeln zurückzog. Für die Massen eröffnete sich das Spielvergnügen erst viel später, als nach dem Zweiten Weltkrieg die uns bekannte Puzzlevariante aus Pappe auf den Markt kam.

Seitdem begeistert das anspruchsvolle Kombinieren der zerstückelten Motive Jung und Alt. Für Erwachsene bietet der bekannte Hersteller Ravensburger Motive wie antike Weltkarten, spektakuläre Landschaftsbilder oder bekannte City-Skylines – mit bis zu 40.000 Teilen. Je schwächer der Farbkontrast und je zahlreicher die Teile ausfallen, desto höher der Schwierigkeitsgrad. Unzweifelhaft eine Herausforderung auf hohem Niveau ist die Variante „Krypt Silber“, die aus 654 konzentrisch angeordneten gleichfarbigen Teilen besteht. Wer es sich noch ein bisschen schwerer machen will, der mischt die Teile zweier ähnlicher Puzzles, bevor der Spaß beginnt.

Warum lieben es viele Menschen, das Chaos aus Teilchen in ein stimmiges Bild zu verwandeln? Puzzeln vereint Meditation und Glücksgefühle in einer Aufgabe. Das ruhige Suchen und Ergänzen eines Bildes kann im Puzzelnden einen regelrechten „Flow“ erzeugen – das Gefühl, in dem man ganz bei sich und in die Aufgabe so versunken ist, dass man die Umgebung beinahe ausblendet. Denn Puzzeln mit dem richtigen Schwierigkeitsgrad hat einen entscheidenden Vorteil: Bei vielen Aktivitäten fühlen sich Menschen entweder gestresst, weil sie ihr Ziel nicht erreichen, oder gelangweilt, weil sie unterfordert sind. Puzzeln liegt genau in der Mitte in einer Zone, wo Kompetenz Herausforderung trifft. Der einzige Unsicherheitsfaktor besteht darin, wie lange wir für ein kompliziertes Stück brauchen. Doch das selbstgesteckte Ziel dann irgendwann zu erreichen, stärkt Selbstbewusstsein und innere Ausgeglichenheit des Puzzelnden.

Kommunikationspsychologe Stefan Lerner erklärt, was beim Puzzeln noch motiviert: Man erzielt überraschende Teilziele und man erlangt ein Gesamtergebnis, das manche gar als Trophäe an der Wand ausstellen. Die Anerkennung der Besucher ist dem disziplinierten Bezwinger eines 10.000-Teile-Puzzles sicher.

Schließlich scheint das Kombinieren zersplitterter Teile auch eine der ureigenen menschlichen Fähigkeiten zu sein. Ohne sie könnten Archäologen nicht die jahrtausendealten Keilschrifttafeln aus dem antiken Mesopotamien zusammensetzen und entziffern. KI und Roboter müssen das Puzzeln erst langsam lernen. Ein erster Meilenstein: Studenten der Hochschule Furtwangen gewannen im Sommer 2019 einen Preis dafür, einem Roboter das Puzzeln beigebracht zu haben. Allerdings meistert *„Rob, der Puzzler“* im Augenblick gerade einmal Steckpuzzle für Kleinkinder.

58 Lernen Sie Stricken

Stricken ... wie bitte?

Wenn Sie dem weiblichen Geschlecht angehören – fühlen Sie sich bitte nicht angegriffen von diesem Tipp! Wer heute um die 60 ist, fühlt sich natürlich weit entfernt vom Bild der strickenden Oma mit weißem Dutt, das er oder sie einst in der Kindheit kennengelernt hat. Aber das Stricken hat sein Image seitdem deutlich verändert. Die traditionelle Kulturtechnik gehört heute zum Do-it-Yourself-Boom, im Zuge dessen bereits 15-jährige sich an komplizierteste selbstgemachte Wollkreationen wagen. Handarbeit kann sogar rebellisch sein, wie beim „Guerilla-Stricken", bei dem öffentliche Denkmäler, Bänke und Laternenpfähle eine Hülle aus Maschengewebe verpasst bekommen.

Doch im Ursprung ist es eine schöpferische Tätigkeit, die die Seele beruhigt und das Gehirn fordert. Wissenschaftler der Mayo-Clinic in Minnesota konnten nämlich an einer Gruppe von Senioren feststellen, dass diejenigen, die regelmäßig strickten oder andere Handarbeiten ausführten ein um 40 Prozent geringeres Risiko trugen, letztendlich an Alzheimer zu erkranken.

Darüber hinaus bietet insbesondere Stricken eine Alternative für Meditationsmuffel. Ähnlich wie bei den fernöstlichen Entspannungstechniken sinkt auch beim Stricken die Pulsfrequenz und der Blutdruck. Außerdem wird im Gehirn der Hippocampus aktiviert, der für unser Erinnerungsvermögen zuständig ist. Diese Aktivitäten zeigen sich im Kernspintomographen sowohl bei Meditierenden und Betenden als auch bei strickenden Personen. Wenn Sie also nichts mit Spiritualität und geistiger

Leere am Hut haben, können Sie vom selben Effekt auch beim Stricken profitieren, während nebenbei ein Pullover entsteht.

Aufgrund der ermittelten Vorteile wurde jüngst sogar diskutiert, den Handarbeitsunterricht an Schulen wieder einzuführen. Eine Institution, von der Sie eventuell noch profitieren durften. Und wieder bewahrheitet sich die alte Weisheit: Oma wusste es eben doch besser.

Bei all den Angeboten, die sich online rund ums Stricken drehen, müssen Sie sich glücklicherweise nicht wie ein altbackenes Hausmütterchen fühlen, sondern liegen schwer im Trend. In Portalen und Foren tauschen Strickfans die besten Anleitungen dafür aus, wie man asymmetrisch gemusterte Pullover, moderne Loop-Schals und sogar Sitzhocker aus Wolle selbst herstellen kann. Alles natürlich in abwechslungsreichen Strickmustern.

Fischgrätmuster, Kaffebohnenmuster, Sternenmuster – für den Laien erscheinen die Varianten beinahe wie eine eigene Wissenschaft. Doch wenn Sie bereits Strickerfahrung aus der Jugend besitzen, wissen Sie, wie schnell einen der Ehrgeiz packt und selbst die anspruchsvollsten Muster eine angenehme Herausforderung bedeuten. Einen witzigen Nebeneffekt hat das neue Hobby dann auch: Partner und Kinder können Sie ab sofort mit Selbstgestricktem zu Weihnachten beschenken und dabei in verblüffte aber angenehm überraschte Gesichter schauen.

59 Lernen Sie, sich zu entscheiden

Das Haus verkaufen, um in die Stadt zu ziehen? Einen Teil der Rücklagen für eine Weltreise ausgeben? Noch einmal die Verantwortung für einen jungen Hund übernehmen, obgleich man nicht sicher ist, wie lange die gute körperliche Fitness noch Bestand hat? – Wer glaubt, nur junge Menschen litten unter der Tragweite schwerer Lebensentscheidungen, irrt gewaltig. Gerade im neuen Abschnitt des Ruhestands sind Sie gefordert, die Weichen in Ihre Zukunft noch einmal neu zu stellen und das erfordert Mut.

Doch Entscheidungen können gewaltig Nerven kosten und die Lebensqualität deutlich beeinträchtigen – insbesondere dann, wenn Sie über Jahre in einer Entscheidungsparalyse erstarren. Wer in jeder von zwei Möglichkeiten drohende Gefahren wittert, unternimmt keinen Schritt nach vorne aber empfindet auch kein Glück im Verharren. Gestresste Geister fragen sich dann gern, warum nicht jede Wahl so leicht zu treffen ist, wie die zwischen Erdbeermarmelade oder Johannisbeergelee zum Frühstück. Doch im Prinzip folgen tatsächlich alle Entscheidungen denselben gedanklichen Wegen. Sie müssen nur die Mechanismen durchblicken, um sich pragmatischer für Varianten zu entscheiden, denen Sie nachhaltig zustimmen können.

1. **Keine Entscheidung ist auch eine Entscheidung**: Wenn Sie sich nicht dafür entscheiden, Ihr Wohnumfeld zu verändern, entscheiden Sie sich de facto für den Status Quo. Machen Sie sich das bewusst.

2. **Angst vor negativen Konsequenzen ist der größte Faktor, der Entscheidungen beeinflusst**. Wie sorgen

uns darüber, wie andere unsere Entscheidung ansehen werden. Wir fürchten, dass wir uns mit einer Entscheidung schließlich doch nicht glücklicher fühlen, und befürchten obendrein, dann harte Selbstkritik zu üben. Das alles verzerrt die innere Diskussion über Pro und Contra eher ins Negative. Machen Sie sich deshalb in einem entspannten Moment auch die positiven Auswirkungen beider Entscheidungsvarianten klar und bewerten Sie sie.

3. ***Lieber den Spatz in der Hand, als die Taube auf dem Dach*** – dieses Sprichwort warnt davor, reale und moderate Güter für Luftschlösser einzutauschen, die Gefahr laufen, zu zerplatzen. Das klingt eigentlich sehr vernünftig. Doch die menschliche Natur ist so gelagert, dass sie sogar unfähig ist, neutral zwischen zwei gleichwertigen Gütern abzuwägen. Den Beweis erbringt folgendes Experiment: Forscher schenkten ihren studentischen Probanden jeweils eine günstige Kaffeetasse. Als die Studienteilnehmer kurze Zeit später gefragt wurden, ob sie das Trinkgefäß in eine Tafel Schokolade eintauschen wollen, wollten 90 Prozent der Studenten ihre Tasse behalten. Aha – ein Trinkgefäß ist wertvoller als eine Süßigkeit, mag der Beobachter jetzt denken. Frappant: Als man das Experiment umdrehte und einer anderen Teilnehmergruppe je eine Tafel Schokolade schenkte, wollten 90 Prozent der Teilnehmer sie behalten – selbst, nachdem man ihnen im Tausch dafür eine Kaffeetasse anbot. Ergo: Wir sichern instinktiv, was wir in der Hand halten und hegen Misstrauen gegenüber neuen Angeboten. Das ist wissenschaftlich besehen die menschliche Natur. Sollten Sie Zweifel an bevorstehenden Veränderungen haben, trösten Sie sich damit, dass Sie völlig normal sind. Und versuchen Sie dennoch die Entscheidungsmöglichkeiten neutral zu bewerten.

4. **Nutzen Sie Ihr Bauchgefühl**: Ihr „Bauch" – bei Entscheidungen ist es eigentlich der unbewusste Teil Ihres Gehirns – bietet Ihnen einen leistungsstarken Supercomputer, den Sie beim Arbeiten noch nicht einmal kontrollieren müssen. Das einzige, was Sie brauchen, ist Abstand vom Problem. Versuche zeigen, dass Menschen, die eine Wahl treffen müssen (z.B. welches Auto sie kaufen oder welchen Kredit sie aufnehmen sollen), besser entscheiden, wenn sie nach dem Sammeln aller Informationen abgelenkt werden, spazieren gehen und schlafen. Selbst wenn Ihnen dieselben Informationen vorliegen, wie Probanden, die direkt entscheiden müssen, und wenn die Pausierenden glauben, sie hätten schon alle Details wieder vergessen, treffen sie die vorteilhaftere Wahl für sich. In der Theorie „berechnet" unser Unbewusstes die Entscheidung ohne unser aktives Zutun – es braucht lediglich Entspannung. Behalten Sie das im Kopf, wenn bei Ihnen eine lebensverändernde Entscheidung ansteht und fahren Sie nach dem Recherchieren der Fakten zunächst in den Urlaub mit dem Vorsatz, währenddessen alles wieder zu vergessen. Danach folgen Sie einfach Ihrer Intuition.

60 Wandern - zu Fuß durch Deutschland

„Nur wo du zu Fuß warst, bist du auch wirklich gewesen“,

meinte schon Johann Wolfgang von Goethe. *„Die Landschaft erobert man mit den Schuhsohlen, nicht mit den Autoreifen.*“, formulierte der französische Schriftsteller Georges Duhamel (1884 – 1966) etwas schärfer. Doch der Bevölkerung mit mahnenden Worten „Beine zu machen“, ist heutzutage gar nicht mehr nötig. Deutschlands Bürger wandern gern – und das über alle Altersgrenzen hinweg. Gehören Sie auch schon dazu?

Statistisch gesehen ist das sehr wahrscheinlich: Rund 17 Millionen Deutsche ziehen einen Wanderurlaub jeder anderen Ferienart vor – das ist jeder Fünfte. Frauen und Männer sind unter den Wanderbegeisterten dabei fast paritätisch vertreten (51 % zu 49%). Allerdings zeigen Ältere im Vergleich zu den Jüngeren eine deutliche Vorliebe für die Bewegung per pedes. 32,4 Prozent von Deutschlands Wanderern sind über 50 bis 59 Jahre alt, 19,8 Prozent sind 60 bis 69 Jahre alt und 6,1 Prozent sind sogar über 70. Der jungen Generation machen Lifestyle-Magazine und Touristik-Anbieter das Wandern eher unter einem moderneren Begriff schmackhaft: Wandern heißt jetzt Trekking.

Unter diesem Label bieten die namhaften Hersteller auch Trekking-Bekleidung der neuesten Generation an. Sie verschafft dem Träger durch leichte Funktionsmaterialien ein besseres Körperklima. Mit einer Grundausstattung von Funktionsunterwäsche, Wandersocken, wasserabweisender Hose, Fleeceshirt, wetterfester und atmungsaktiver Jacke und knöchelhohen Wanderschuhen können Sie im Prinzip sofort loslaufen. Das Gepäck mit ausreichend Getränken darf natürlich auch nicht fehlen. Der Wanderstock - heutzutage nicht mehr aus Holz, sondern aus Carbon - erleichtert das Bewältigen der Strecke (in jedem Alter!) genauso wie spezielle Trekking-Apps für das Handy, bei denen Wanderkarten heruntergeladen werden können, damit man sie auch in Funklöchern nutzen kann.

Wenn Sie erst einmal Gefallen am Gehen gefunden haben, kann es Ihnen in Deutschland nicht mehr langweilig werden. Unsere Heimat bietet unzählige malerische und spektakuläre Strecken unterschiedlicher Schwierigkeitsgrade. Zum Beispiel die Folgenden:

Der Goldsteig: Diese Route ist mit mehr als 650 Kilometern der längste zertifizierte Qualitätswanderweg Deutschlands. Sie führt von Marktredwitz bis Passau und verbindet den Oberpfälzer mit dem Bayerischen Wald. Der Weg führt streckenweise auf mehr als 1.000 Metern Höhe entlang. Teilstrecken des Goldsteigs sind auch für Anfänger geeignet.

Der Heidschnuckenweg: Er nimmt seinen Anfang in Hamburg-Fischbeck und schlängelt sich in vielen Windungen mitten durch die Lüneburger Heide. Die Endstation ist die Residenzstadt Celle. Der Heidschnuckenweg ist über 200 Kilometer lang und eignet sich auch für Anfänger. Der höchste Punkt liegt gerade einmal 169 Meter über dem Meeresspiegel.

Harzer Hexenstieg: „Nur" hundert Kilometer lang, führt der Hexenstieg durch den grünen Urwald des Nationalpark Harz. Der höchste Punkt der Strecke führt über den Brocken, den mit 1141 Meter höchsten Berg Mitteldeutschlands.

Rennsteig: Der Rennsteig ist Deutschlands ältester und bekanntester Fernwanderweg. Er gehört zu den am stärksten frequentierten Strecken und wird jährlich von etwa 100 000

Wanderern begangen. Der Rennsteig erstreckt sich von Eisenach, über den Kamm des Thüringer Walds, des Thüringer Schiefergebirges und des Frankenwalds bis nach Blankenstein an der Saale.

Werra-Burgen-Steig Hessen: Der 133 Kilometer lange Wanderweg führt vom idyllischen Fachwerkort Hann. Münden über den Schlierbachswald bis zur Tannenburg in Nentershausen.

61 Pfeil und Bogen

Winnetou, Robin Hood, Wilhelm Tell oder Liebesbote Amor – wenn Ihre Assoziationen zum Thema Bogenschießen ähnlich profan ausfallen, gibt es für Sie noch viel an der Präzisionssportart zu entdecken. Nicht nur, dass der Bogensport zur beliebten olympischen Disziplin avanciert ist, seit Lisa Unruh 2016 die Silbermedaille holte, er steht auch in der Tradition einer rund 14.000 Jahre alten Jagdtechnik, wie Funde prähistorischer Pfeile und Bögen in Norddeutschland und Dänemark beweisen. Doch während damals das Beschaffen von Nahrung beim Schießen im Vordergrund stand, liegt heute der Fokus auf den mentalen und körperlichen Aspekten des Bogensports.

Konzentration in der Bewegung und Ruhe muss ein guter Schütze lernen – das hilft laut Physiotherapeuten und Psychologen Patienten mit Rückenleiden, Burnout, Angststörungen und ADHS. Dabei steht nicht das Treffen ins „Gold" im Zentrum des Trainings, sondern Achtsamkeit, Körpergefühl und auch ein Quäntchen Kraft. „Ohne Muckis fliegt nichts", entgegnen die Trainer gern Neulingen, die überrascht vom Widerstand des Bogens sind. Immerhin braucht man bei einem professionellen Gerät etwa 16 bis 40 kg Zugkraft, um die Sehne zu spannen.

Dass Quereinsteiger aller Altersklassen Spaß am Bogensport haben, sieht man am Altersprofil der Vereine. *„Unser jüngstes Mitglied ist sechs Jahre alt, das älteste 74"*, erklärt Franz Schießl, Vorstand des Münchner Bogensportvereins. Mit dem olympischen Erfolg verliert die Sportart zunehmend ihren exotischen Status – die Anfängerkurse in den Metropolen sind rasch ausgebucht.

Noch mehr Konzentration als das Schießen erfordert der Bau eines traditionellen Langbogens. Diese Herausforderung nimmt Rentner Jochen Chmiel gern an. Der Bogenwart des Oedelsheimer Schützenvereins kommt aus einem handwerklichen Beruf und kann mit dem Material Holz gut arbeiten. „*Am besten eignet sich Eibe, nur die ist schwer zu bekommen*", verrät er im Interview mit der HNA. Deshalb nutzt der 68-Jährige vor allem Rubinie, aber auch Ahorn, Esche und Roteiche. Das gerade Stück Holz dann in eine Biegung zu bringen, stellt die größte Herausforderung beim Bogenbau dar und ist wie das Schießen echte Präzisionsarbeit. Dennoch kann Chmiel inzwischen eine stattliche Sammlung an selbstgefertigten Langbögen vorzeigen. Obwohl selbst er als erfahrener Bogenschütze zugeben muss, dass es nicht einfach ist, den Bogen immer völlig ruhig zu halten, möchte er sein Hobby im Ruhestand nicht missen: *„Es ist ein ruhiger Sport, bei dem man viel an der frischen Luft ist."* Außerdem trainiere das Schießen Körper und Geist.

Das haben auch Persönlichkeitscoaches und Manager-Trainer für sich entdeckt, denn eines ist sicher: Eine höhere Stressresistenz, ein stärkeres Selbstbewusstsein und mehr innere Ruhe – von den positiven Auswirkungen des Bogentrainings kann kaum jemand je genug haben.

62 Computerspiele für Best Ager?

Hier scheiden sich die Geister – denn dieser Inspiration werden Sie wahrscheinlich nur dann folgen, wenn Sie bereits in den frühen 1980er den Atari-Klassikern verfallen waren und auch sonst die Video- und Computerspielszene im Auge behalten haben. Wer dazu nie einen Zugang gefunden hat, wird im Ruhestand kein Gamer mehr … oder doch?

Zumindest macht der Markt einen spannenden Wandel durch. Denn wie fast bei sämtlichen Konsumgütern und Dienstleistungen macht die Altersgruppe 50+ auch in der Welt der Computer- und Videospiele mit 25 Prozent bzw. 9 Millionen Spielern die größte Nutzergruppe aus. Die „Silver Surfer“, wie die Internetnutzer über 50 Jahren heute heißen, nutzen fast ausnahmslos Handy und Tablet. Damit bekommen sie einen leichteren Zugang zu aktuellen Spieleneuheiten, ohne sich eine Spielkonsole anschaffen zu müssen.

Beliebt sind bei den Best Agern die digitalen Adaptionen von klassischen Spielen wie Skat, Puzzles oder Sudoku. Egoshooter, die die Fantasiewelten von Jugendlichen widerspiegeln, fallen weniger in ihr Interessengebiet.

Wie hoch die Begeisterungsfähigkeit älterer Menschen für das Gaming ist, wollten Forscher der Stiftung Digitale Chancen genau wissen. Sie überließen 300 Bewohnern von deutschen Senioren-Einrichtungen Tablets mit vorinstallierten Apps. Nach 8 Wochen stand fest: Spiele wie „Mah-Jongg“, „Candy Crush“ oder auch Eishockey und Fußballspiele standen auf Platz vier der meistgenutzten Funktionen; hinter E-Mails, Navigation und Fahrplänen.

Den Kontrast zwischen grauhaariger Lebenserfahrung und digitaler Neuerscheinung treibt der YouTube-Kanal „Senioren zocken“ auf die Spitze. Hier testen regelmäßig zwei Gruppen von Seniorinnen und Senioren neue Videospiele vor der Kamera. Das Publikum kann dabei zusehen, wie die Damen, die wohl als Großmütter der eigentlichen Zielgruppe durchgehen könnten, bei „Grand Theft Auto“ als rasende Gangster die Straßen von LA unsicher machen. Eine wilde Mischung, die gut ankommt – immerhin hat der Kanal über 300.000 Abonnenten.

Doch Computerspiele sind nicht nur ein Quell für kurzweiligen Spaß, sie könnten auch Einfluss auf die Gesundheit und Funktion unseres Gehirns nehmen. Das suggeriert zumindest eine Studie des Berliner Max-Planck-Instituts für Bildungsforschung, in denen die Testpersonen täglich 30 Minuten lang „Super Mario 64“ spielen mussten. Als Resultat entdeckten die Forscher, dass Hirnareale, die für Erinnerungsbildung, räumliches Denken und Feinmotorik zuständig sind, gewachsen waren. Eigens für Senioren entwickelten die Berliner ein Spiel, bei dem der Spieler reaktionsschnell entscheiden muss, ob das, was er sich an einem virtuellen Buffet auf den Teller lädt, essbar ist oder nicht. Nach 8 Wochen Spielpraxis zeigte sich im präfrontalen Kortex der Spieler ein deutliches Wachstum und auch ihre Selbstkontrolle verbesserte sich signifikant. In der Wissenschaft spricht man bereits vom Potenzial sogenannter „Health Games“.

Computerspielen macht nicht nur Spaß, sondern ist auch noch gesundheitsförderlich? Angesichts dieser Vorteile möchten Sie vielleicht doch einmal Ihrem Enkel oder Patenkind über die Schulter schauen, was es da eigentlich spielt ...

63 Modeln – Echtheit vs. Jugendwahn

Model werden – diesen Berufswunsch erwartet man wohl am ehesten bei Teenagern. Doch, auch wenn Sie jetzt abwinken: Sie haben im Ruhestands-Alter Chancen als Fotomodel, die den jüngeren Semestern gar nicht offenstehen. Denn die Werbebranche verändert in den vergangenen Jahren viele ihrer Kampagnen zugunsten eines realistischeren Menschenbildes. Da werden mollige Typen gezeigt, wie in der „Dove Campain for Real Beauty" oder auch Models, die ganz offensichtlich Lebenserfahrung besitzen.

Grund für Letzteres ist auch der Wandel in der Zielgruppe. Und die sind Sie: Wenn Sie als „Babyboomer" zwischen 1955 und 1969 geboren wurden, gehören Sie Deutschlands größter Konsumentengruppe an. Sie sind statistisch gesehen sehr kaufkräftig und auch gewillt, Ihr Geld auszugeben. Aber anders als vorhergehende Generationen legen Deutschlands Baby Boomer dabei Wert auf Authentizität. Ein Produkt, das für sie konzipiert wurde, wollen sie auch von einem vertrauenserweckenden Gesicht präsentiert bekommen. Und das ist nicht unbedingt 15 Jahre alt und absolut faltenfrei.

Nachdem die Global Player der Unternehmensbranche es wagten, berühmte Best Ager wie George Clooney, Helen Mirren und Jane Fonda in ihren Kampagnen einzusetzen, steht der Markt längst auch den „Allerweltsgesichtern" unter den Senior-Models offen. Autohersteller wie Mercedes, Stromanbieter und Banken setzen gern auf die seriösen Erscheinungen, doch auch sportliche Unternehmen wie Nike arbeiten mit silberhaarigen Models als Blickfang. Wer nichts dagegen hat, dass er auch mal auf der *Apotheken-Umschau* als vertrauenswürdiger Arzt oder als Gesicht eines Mittels gegen Gelenkschmerzen abgelichtet wird, dem steht ein noch größerer Markt offen. Charaktergesichter im Alter von über 50 werden gesucht, insbesondere von speziellen Modelagenturen wie der Hamburger Agentur „Elbmodels“ und der Pariser „Agence Silver“.

Die Karrieren, die daraus erwachsen, müssen den Vergleich mit Heidi Klum und Co nicht scheuen: Die 72-jährige Greta Silver aus Hamburg veröffentliche im Jahr 2018 ihr erstes Buch über Lebensfreude im Ruhestands-Alter, die 71-jährige Amerikanerin Linda Rodin vermarktet ihre eigene Kosmetik-Linie und Daphne Selfe, mit 91 nach eigener Aussage das älteste Model der Welt, gibt gemeinsam mit ihrer Tochter Kurse zu Selbstvertrauen und innerer Schönheit.

Falls Sie Lust bekommen haben, sich als Fotomodel zu versuchen sollten Sie lediglich ein paar professionelle Fotos von sich zur Hand haben und mit einer Agentur Kontakt aufnehmen. Seriöse Agenturen verlangen für die bloße Aufnahme in ihre Kartei kein Geld, sondern beteiligen sich erst mit einer Vermittlungsgebühr an Ihrem ersten gebuchten Auftrag.

64 Überprüfen Sie Ihre Glaubenssätze

„Dafür bin ich doch zu alt!", „Das wäre doch völlig unvernünftig!", „Kreativ sein, konnte ich noch nie!", „Ich kann nicht einfach machen was ich will – ich muss auch an meine Familie denken!"

Gehören Sie auch zu den Menschen, die schnell abwehren, wenn andere Ihnen neue Ideen eröffnen? Als Rentner noch ein neues Geschäft eröffnen? – Das wäre doch verrückt! Jetzt noch Yoga lernen wollen, obwohl man schon in der Schule immer eine 5 im Sportunterricht kassiert hat? – Was soll das denn noch bringen? Manche Menschen lehnen unkonventionelle Ideen reflexhaft ab, weil sie glauben, sich und die Welt diesbezüglich gut einschätzen zu können … aber bleiben unbefriedigt zurück. Hätte man doch etwas wagen sollen? Wie bringen die anderen bloß immer den Mut auf, so viel Neues in ihrem Leben umsetzen?

Die Ursache für diesen Konflikt liegt häufig in tief verwurzelten Glaubenssätzen. Das sind Annahmen, die Sie über sich selbst und die Welt hegen, weil sie zu einem frühen Zeitpunkt Ihres Lebens meinten, bestimmte Zusammenhänge erkannt zu haben. Die Sätze beginnen meist mit „Ich soll(te)", „Ich muss" oder „Ich darf nicht" und enden mit der Anweisung, nicht aus der Reihe zu tanzen, stets zu allen nett zu sein oder sich nicht auf die faule Haut legen zu dürfen.

Sind diese Glaubenssätze unsere Lebensideale? Meist ist das Gegenteil wahr. Glaubenssätze kaschieren tief empfundene Mängel. Wer als Kind erfahren hat, dass unkonventionelles Handeln bestraft wird und nur Angepasstheit mit Zuwendung belohnt wird, der wird sich Zeit seines Lebens darum bemühen, nicht aus der Reihe zu tanzen. Vor allem dann, wenn ihm das Bewusstsein fehlt, dass er liebenswert ist, genau so wie er ist.

Nichts Verrücktes tun dürfen, sich nicht lächerlich machen dürfen, kein unnützes Geld für reinen Spaß ausgeben zu dürfen … an diese Glaubenssätze aus der Kindheit halten wir uns, um geliebt werden zu können und sind dabei doch unglücklich. Weil sie tief im Innern mit unseren Idealen kollidieren. Denn eigentlich wollen wir auch mal über die Stränge schlagen oder etwas Außergewöhnliches wagen.

Falls Sie in diesem Zwiespalt stehen, fragen Sie sich, was passiert, wenn Sie einmal anders handeln als Sie es gewohnt sind. Wovor haben Sie Angst? Für verrückt erklärt zu werden? Belächelt zu werden? Die meisten Menschen können an dieser Stelle eine lange Schlange negativer Konsequenzen in die Luft malen, die beim Verlust von Geld anfängt und beim Verlust der Liebe endet. Wenn Sie alles aus der Gleichung herauskürzen und dabei eine Formel herauskommt wie

„*Wenn ich jetzt das Haus verkaufe und auswandere* [hier können Sie eines Ihrer unterdrückten Interessensgebiete einsetzen], *DANN wird mich keiner in der Familie mehr lieben können*",

dann müssen Sie erkennen, dass Sie einem dysfunktionalen Glaubenssatz folgen. Er ist nicht funktional, weil er Ihre eigentlichen Ziele untergräbt. Die erste Hälfte des Satzes verrät, dass Sie eigentlich auswandern wollen (bzw. Ihrem unterdrückten Interesse folgen wollen) – sie werden lediglich durch uralte Überzeugungen davon abgehalten.

Diese hinderlichen Überzeugungen können Sie auf zwei Arten auflösen, die in hartnäckigen Fällen eine kognitive Verhaltenstherapie unterstützen kann: Sind Sie ein logisch zugänglicher

Mensch, können Sie Ihre Umgebung nach Gegenbeispielen für Ihre kindliche Glaubenssatz-These absuchen. Wer aus Ihrem Umfeld hat unkonventionell, verrückt oder sogar ein bisschen egoistisch gehandelt und wird dennoch respektiert und angenommen? Finden Sie relativ viele Beispiele dafür, steht Ihr Glaubenssatz auf wackeligen Füßen. Wenn Sie mit Logik nichts anfangen können, hilft eine hedonistische Herangehensweise. Machen Sie sich bewusst, was Sie eigentlich wollen (z.B. auswandern oder umziehen) und erkennen Sie, dass nur eine einzelne Überzeugung Sie ewig davon abhalten wird, wenn Sie jetzt nicht den Mut haben, Sie zu überwinden.

65 Gehen Sie zur Vorsorge

Wer im Berufsleben steht, besucht seinen Hausarzt meist nur, wenn es absolut nötig ist. Die meisten Männer wahrscheinlich noch seltener oder nur dann, wenn ihre Ehefrau Ihnen Konsequenzen androht, die die Unbill einer Erkältung weit übersteigen. Wer auf diese Weise bis zum Ruhestand einigermaßen gesund geblieben ist, kann sich glücklich schätzen. Doch allen Best Ager im Alter von 65+ legen Fachleute wärmstens ans Herz, sich zu überwinden und die notwenigen Vorsorgeuntersuchungen wahrzunehmen.

Der Besuch beim Arzt kann neue Hobbys und Projekte durchaus unterstützen. Alle 2 Jahre steht Ihnen nämlich ein ausführlicher Gesundheitscheck zu, der unter anderem die Funktion Ihres Herz-Kreislaufsystems prüft. Das ist für alle diejenigen wichtig, die planen, im Ruhestand zu Fuß, auf dem Rad oder in anderer sportlicher Form aktiver zu werden als jemals zuvor. Hier kann Ihr Hausarzt feststellen, ob Risikofaktoren vorliegen, aufgrund derer Sie das Vorhaben eventuell einschränken oder abwandeln sollten. Ihre Blutwerte wie Cholesterin und Zucker können Ihnen als Ansporn dienen, sie durch einen anderen Ernährungsstil und viel Bewegung wieder in den normalen Bereich zu bringen. Lassen Sie sich die Werte ausdrucken und heften Sie sie zuhause ab. Nach zwei Jahren lassen Sie die Marker erneut bestimmen und sehen Ihre Erfolge schwarz auf weiß.

Schließlich übernehmen die gesetzlichen Krankenkassen ein breites Spektrum an Früherkennungsuntersuchungen, die verhindern sollen, dass Ihre Ruhestandspläne jäh durch Krankheit abgebrochen werden. So zum Beispiel ein Hautscreening im 2-Jahres-Rhythmus, das Sie insbesondere dann wahrnehmen sollten, wenn Sie sich während der vergangenen Jahre oft der Sonne ausgesetzt haben. Männer haben darüber hinaus ab 45 Jahren Anrecht auf eine jährliche Früherkennungsuntersuchung für Prostatakrebs. Frauen erstattet die GKV Frauen im Alter von 50 bis 69 alle 2 Jahre eine Mammografieuntersuchung. Beiden Geschlechtern steht ab 55 Jahren eine jährliche Vorsorgeuntersuchung zur Darmkrebsfrüherkennung zu sowie zwei Darmspiegelungen im Abstand von 10 Jahren.

Neu für Männer über 65 Jahren ist ab 2018, dass sie eine Ultraschalluntersuchung zur Früherkennung einer Gefäßerweiterung (Aneurysma) der Bauchschlagader durchführen lassen können. Der häufig angebotene Ultraschall der Halsschlagader zur Schlaganfallprävention fällt hingegen unter die iGEL-Leistungen und kostet Sie als Patient etwa 50 bis 90 Euro.

Für beide Geschlechter wichtig ist der ausreichende Impfschutz im Ruhestand. Ab 60 Jahren empfehlen Fachleute eine einmalige Impfung gegen Pneumokokken und eine jährliche Grippeimpfung. Für reisefreudige Ruheständler gelten wie für alle anderen Urlauber auch die Impf-Empfehlungen des Robert-Koch-Instituts. Hierzu zählen je nach Risikogebiet die Impfungen gegen Cholera, FSME, Gelbfieber, Hepatitis A und B, Influenza, Meningokokken der Serogruppen ACWY und B, Poliomyelitis, Tollwut und Typhus. Bevor Sie Ihre nächste Reise antreten, sollten Sie rechtzeitig mit Ihrem Hausarzt abklären, was in punkto Impfschutz nötig ist.

66 Jakobsweg - Ich bin dann mal weg

„*Ich bin dann mal weg!*" – mit dieser Devise und dem rund 5 Millionen Mal verkauften gleichnamigen Bestseller weckte Comedian Hape Kerkeling bei den Deutschen die Lust zu pilgern. Pro Jahr begehen aktuell rund 24.000 Deutsche den Jakobsweg – damit hat ihre Anzahl sich sein dem Jahr 2009 mehr als verdoppelt. Insgesamt reiht sich die Entwicklung in einen Jakobsweg-Tourismus-Boom ein, auf dessen Gipfel aktuell 300.000 Touristen aus der ganzen Welt in jedem Jahr den „Camino" zu Fuß erobern. Doch was ist das Besondere an der alten Handelsstraße, die vom französischen St. Jean Pied de Port bis ins galizische Santiago de Compostela verläuft? Und könnte eine Wanderung der mystischen Route auch ein Projekt für Ihren Ruhestand sein? Immerhin, eine Wandertour von 5 Wochen und mehr – das kann im aktiven Arbeitsleben kaum jemand unterbringen.

Die Pilgerreise auf der rund 800 Kilometer langen Strecke, die von den Pyrenäen bis zum vermeintlichen Grab des Apostel Jakobus führt, wird bereits seit über 1000 Jahren bewandert. Die dabei auch heute noch genutzte Route entlang der alten Königsstädte Jaca, Pamplona, Estella, Burgos und Léon konsolidierte sich in der ersten Hälfte des 11. Jahrhunderts. Doch während die Pilger in früheren Zeiten den Weg zur Erlösung von einer auferlegten Buße oder zur Vertiefung in den Dialog mit Gott beschritten, erleben die Wanderer der Gegenwart eine andere Atmosphäre: Gerade in der Hochsaison im Sommer ist man auf dem Camino eigentlich nie allein. Hier tummeln sich Pilger aus Norwegen, Irland, Kanada und Südkorea und knüpfen unkompliziert Kontakte unter dem Zeichen der gelben Pilgermuschel.

Während die spirituell-suchenden Pilger eher selten geworden sind, leben viele andere ihren sportlichen Ehrgeiz aus oder nutzen die körperliche Herausforderung zur Selbstfindung. Am Wochenende schließlich wird der Menschenstrom von Familien mit Kindern bereichert, die eine Etappe des Camino als Freizeitunternehmung nutzen, auf der die Kinder eifrig die vielfarbigen Stempel der Kirchen und Herbergen in ihren Pilgerpass sammeln können. Diesen Ausweis beantragt jeder Pilger vor Antritt des Weges und kann sich mit ihm in den Herbergen ausweisen. Dort kostet eine Übernachtung in der Regel 5 bis 15 Euro.

Eins ist klar: Wer das authentische Erlebnis sucht, darf kein Problem damit haben, in einem Herbergs-Schlafsaal mit 70 Doppelstockbetten zu nächtigen oder auch mal draußen im Schlafsack, wenn sich kein Bett findet. Auch warmes Wasser, weiche Kissen und andere Annehmlichkeiten, die Sie zuhause schätzen, müssen Sie eine Zeit lang hinten anstellen. Essenzielles Gepäck für den Wanderer sind dagegen Blasenpflaster und Salben für geschundene Füße. Und – und zwar für jede Altersklasse – ein Wanderstock, der besonders auf den bergabführenden Passagen die Knie entlastet. Karten, Pläne und Navigationsgerät können Sie dagegen getrost zuhause lassen, denn auf Meilensteinen, Hauswänden und Steinformationen weist allerorten die Jakobsmuschel in die richtige Richtung.

Für das, was man auf dem Jakobsweg an Luxus vermissen mag, gewinnt man eine Menge. In den Herbergen treffen sich Menschen aus der ganzen Welt, erzählen sich ihre Gründe für das Pilgern und teilen ihr Essen. Und dann entwickelt sich auf dem heute stark verweltlichten Pilgerpfad doch noch eine christliche Tugend: Das Vertrauen in das Gegenüber, selbst wenn es ein Fremder ist.

67 Die Kunst der Rede

„In Deutschland musst du langweilig reden, sonst wirst du nicht ernst genommen“,

so beschwerte sich einst Linken-Politiker Gregor Gysi. Im Ruhestand aber, wo Sie nicht mehr darauf angewiesen sind, dass Arbeitgeber und Kollegen Sie ernst nehmen, können Sie ruhig aufhören, Ihr Publikum willentlich zu langweilen und es stattdessen charmant unterhalten. Zum Beispiel auf den anstehenden Hochzeiten, runden Geburtstagen und sonstigen Anlässen in Vereinen, am Stammtisch oder im Bekanntenkreis.

Um dabei für einen gewitzten Redebeitrag größeren Applaus zu erhalten, müssen Sie lediglich aktiv an Ihrer Technik arbeiten. An der Kunst der Rede oder Rhetorik, wie sie bereits im alten Griechenland genannt wurde.

Der große Sokrates kannte hier zwei Varianten: Eine, die das Publikum nur überzeugen wollte, egal, ob das Gesagte der Wahrheit entsprach – heute würde das „Marketing“ heißen. Und eine, die wie eine gute Hebamme die Wahrheit mit klugen Fragen aus dem Mund des Gegenübers hervorholt. Diese Variante findet heute breite Anwendung bei Anwälten und Erziehern. Das was Sie allerdings lernen wollen, ist allein die Kunst, mit ein paar spannenden und überraschenden Elementen eine kurze Rede so zu gestalten, dass das Publikum gar nicht anders kann, als gebannt zuzuhören.

Das Handwerkszeug für eine gute Rhetorik lernen Sie am besten in der Praxis. Es existieren zwar hilfreiche Bücher zum Thema, aber schreiben Sie sich lieber an einem Kurs in der Volkshochschule oder an der Uni ein, in dem Sie sich live ausprobieren können. Gleichzeitig hilft Ihnen dieses Training, im Alltag offener auf Menschen zuzugehen und auch in Krisensituationen überzeugend zu wirken. Gute Redner können bei Preisverhandlungen, in Diskussionen mit den Nachbarn oder bei Reklamationen im Restaurant einfach besser punkten.

Ein Rhetorikkurs vermittelt Ihnen auch keine Raketenwissenschaft, sondern öffnet lediglich Ihr Bewusstsein für die elementaren Bausteine eines überzeugenden Auftritts. Das beginnt bei Grundlagen der Mimik, Gestik, Stimmlage und Atemtechnik. Sie lernen, Ihre Zuhörer nicht mit Passiv-Konstruktionen und Substantivierungen zu langweilen, sondern sie verbal in das Erleben einer Geschichte hineinzuziehen. Ich-Botschaften, das Ansprechen des Publikums und rhetorische Fragen – all das dient guten Rednern dazu, ihr Publikum zu fesseln und emotional positiv einzustimmen. Werden Sie kreativ und bereichern Sie Ihre Sprache mit Bildern und witzigen Wendungen.

Wenn Sie alle Grundlagen inkorporiert haben und durch Erfahrungen austesten durften, juckt es Ihnen wahrscheinlich bald in den Stimmbändern, wenn auf Tante Ernas 90. Geburtstag demnächst der Löffel gegen das Sektglas schlägt und die Verwandtschaft fordert: „*Eine Rede, eine Rede ...!*“

68 Herr der Bienen …

Haben Sie früher dann und wann davon geträumt, aus dem Stadtleben auszusteigen, Tiere zu halten und landwirtschaftliche Produkte herzustellen? Doch im Ruhestand könnte eine Herde Kühe oder Schafe eventuell eine Überforderung darstellen. Darum wenden Sie sich doch einfach dem drittwichtigsten Nutztier in Deutschland zu: der Biene.

Aktuell kann die deutsche Honigproduktion etwa ein Fünftel des Bedarfes des deutschen Konsumenten abdecken. Das ist im Prinzip kein Problem – der Rest wird einfach importiert. Doch ein Fehlen von regionalen Bienenbeständen bringt eine andere Schwierigkeit für unsere Umwelt mit. Rund ein Drittel unserer Nahrungspflanzen sind für ihre Produktion von der Bestäubungsleistung der fleißigen Fluginsekten abhängig. Fehlen sie, reifen auch nicht genug Äpfel und Erdbeeren heran. Glücklicherweise entdecken im Zuge der Beliebtheit regionaler Produkte aktuell viele Menschen die Imkerei und sorgen damit dafür, dass die hiesige Vegetation genug der summenden Fortpflanzungshelfer an die Seite gestellt bekommt.

Während im Jahre 2006 nur 90.000 Imker aktiv waren, halten hierzulande jetzt rund 135.000 Menschen Bienen. Triebfeder dieser Entwicklung sind viele Hobbyimker, die ihre Völker in ihrem städtischen Garten, auf dem Balkon oder gar auf dem Dach stationieren. Diese Verstädterung der Insekten ist keineswegs Tierquälerei – ganz im Gegenteil: Wissenschaftler haben erkannt, dass es den Stadtinsekten aufgrund der höheren Pflanzenvielfalt besser geht, als denen, die sich im ländlichen Raum von pestizidbelasteten Monokulturen ernähren müssen.

Um selbst Bienenstöcke (eigentlich: Bienenbeuten) betreuen zu können, brauchen Sie allerdings zunächst das Fachwissen, was die Tiere brauchen und wie Sie mit dem Equipment umgehen müssen. Innerhalb von Einsteiger- und Schnupperkursen vermitteln viele lokale Imkervereine diese Fakten gern an interessierte Quereinsteiger. Wer mit dem Honigverkauf dann seine Rente aufbessern will, sollte einkalkulieren, dass er von einem Bienenvolk (30.000 bis 50.000 Tiere) lediglich einen Ertrag von 100 Gläsern Honig pro Jahr erwarten kann. Professionelle Imker betreuen zuweilen 100 Völker, die sie an verschiedenen Orten aufgestellt haben, und bringen ihr Equipment regelmäßig zu den Bienenstöcken.

Eine Massen-Bienenhaltung funktioniert daher kaum und ist auch nicht Ziel der Imkerei. Vielmehr macht es Spaß, das komplexe System eines Bienenvolks zu verstehen und ihm übers Jahr bei seiner „Arbeit" zuzusehen. Dabei sind die Insekten ganz selbstständig – Sie brauchen lediglich einmal in der Woche nach Ihren Völkern schauen. Ist der Honig „reif", folgt die Hauptarbeit des Jahres. Dafür besitzen viele Imkervereine einen Schleuderraum, den Mitglieder gegen eine Gebühr nutzen können. Das macht auch eine hobbymäßige Bienenhaltung relativ günstig. Mit einigen hundert Euro für Equipment, Bienenvolk und Schulung kann jeder einsteigen. Und selbst wenn Sie davon nicht reich werden – das gute Gewissen, etwas für die Umwelt getan zu haben, und der gute Geschmack des eigenen Honigs zum Frühstück, sind Belohnungen genug.

69 Etablieren Sie neue Gewohnheiten

„Achte auf Deine Gewohnheiten, denn sie werden Dein Charakter. Achte auf Deinen Charakter, denn er wird Dein Schicksal“,

heißt es im Talmud. Hier sind die Gewohnheiten Teil einer Kette, in der auch scheinbar kleine Faktoren schließlich umfassende Effekte auf das Dasein ausüben.

Über Gewohnheiten macht man sich eigentlich kaum Gedanken – das ist ihr größtes Positivmerkmal. Denn eigentlich dienen sie uns dazu, Energie zu sparen. Das Gehirn braucht wesentlich mehr Kraft, eine bewusste Entscheidung zu treffen und dabei aktiv Für und Wider abzuwägen, als es braucht, um Gewohnheiten automatisch zu folgen. Wann denken Sie schon gestresst darüber nach, ob Sie sich am Morgen zuerst die Zähne putzen sollen oder die Haare kämmen? Wahrscheinlich nie. Sie folgen einfach Ihrem festen Muster. Dass liegt daran, dass Gewohnheiten im Gehirn andere Areale beschäftigen als unsere täglich neuen Entscheidungen. Bewusste Entscheidungen entstehen nämlich im Wettstreit zwischen unserer „Vernunft“ (dem präfrontalen Cortex) und unseren Impulsen (der Amygdala). Ein ziemlich kraftraubender Prozess, den wir an einem Tag nur begrenzt viele Male durchlaufen können, bevor der Impuls dauerhaft siegt, und wir keine vernünftige Entscheidung mehr zuwege bekommen. Wissenschaftler sprechen hier von „Ego-Erschöpfung“. Ein Zustand, der nur durch die Zufuhr von Kohlenhydraten und Schlaf wieder neutralisiert werden kann.

Gewohnheiten werden hingegen in den Basalganglien, einem archaischen Teil unseres Gehirns, „abgelegt“. Dort fixieren Sie sie derart, dass Sie Ihnen ohne Nachdenken und ohne mentale Energie zu verschwenden einfach folgen können. Davon hat

Ihr Arbeitsleben lang höchstwahrscheinlich in erster Linie Ihr Arbeitgeber profitiert: Rechtzeitig aufstehen, Kaffee und Zeitung so timen, dass Sie rechtzeitig ins Büro kommen – alles Gewohnheiten, die sich über die Jahre eingeschliffen haben. Selbst die Arbeitsweise, der Sie folgten, oder die Rituale kurz vor Feierabend zählen dazu.

Mit dem Eintritt in die Rente betreten Sie jetzt Neuland, das für Sie im ersten Moment anstrengender ist. Denn Sie folgen nicht gewohnheitsmäßigem Verhalten, sondern müssen aktiv neu planen. Hier hilft nur: neue Gewohnheiten begründen. Zum Beispiel für das, was Sie direkt am Morgen tun. Zeitung lesen? Mit dem Hund rausgehen? Sport machen? Möglichkeiten gibt es viele, einige beleuchtet auch dieses Buch. Doch damit Ihnen das neue Verhalten quasi ins Blut, oder eher, „in die Basalganglien übergeht", müssen Sie eine Hürde nehmen: die Wiederholung.

Denn nur die sich täglich wiederholenden Prozesse erkennt das Gehirn irgendwann als Gesetz und schreibt sie fest. Und das kann länger dauern, als Sie denken. Nicht etwa 3 bis 4 Wochen wie Life-Coaches gerne behaupten, nein: Forscher stellten fest, dass Probanden in Studien etwa 66 bis 254 Wiederholungen benötigten, bis sie ein Verhalten als Gewohnheit verinnerlicht hatten. Hier heißt es also: durchhalten. Aber das lohnt sich. Denn wenn Sie ein bisschen Energie in das Etablieren neuer Gewohnheiten investieren, zahlt es sich hinterher mit mehr Leichtigkeit und Klarheit aus. Sie wissen nicht wie? Dann lesen Sie zum Beispiel ein Buch über sogenannte „Mini-Gewohnheiten". Dort wird unter anderem erklärt, wie Sie, obgleich Sie sich jeden Tag nur einen Liegestütz vornehmen, in einem Jahr ein beachtliches Fitnessprogramm auf die Beine stellen können.

70 Spannende Heimat-Geschichten

Hat Sie schon in der Schule der Geschichtsunterricht so sehr interessiert, wie ihre Mitschüler der neue Krimi? Die Abenteuer Alexander des Großen, die Senatorenverschwörung gegen Julius Caesar oder die politischen Wirren im Zuge der französischen Revolution – alle Ereignisse der Welthistorie säumen kleine Anekdoten, die zu recherchieren es sich lohnt. Das trifft auch auf Ihre direkte Umgebung zu. Haben Sie sich jemals aktiv mit der Geschichte Ihres Heimatorts beschäftigt? Je kleiner Ihr Wohnort ist, desto weniger Fakten erfährt man wahrscheinlich in den „offiziellen" Geschichtsbüchern über ihn. Aber gerade diese weißen Flecken in der Dokumentation fordern Hobby-Historiker zur Detektivarbeit heraus.

In vielen Orten existieren bereits Vereine für Ortsgeschichte bzw. Heimatgeschichte, die es sich zur Aufgabe gemacht haben, sämtliche historische Informationen über die Region zu sichern. Ihre Mitglieder forschen in alten Kirchenbüchern und behördlichen Archiven; sie sprechen aber auch mit den ältesten Mitbürgern, die bereits seit ihrer Kindheit im Ort ansässig sind. Ihre Erinnerungen für die Nachwelt festzuhalten, ist genauso wertvoll wie das Digitalisieren alter Dokumente, die mancherorts aus Mangel an Lagermöglichkeiten sogar im Abfallcontainer landen. Man stelle sich vor, manch berühmter Akteur der Geschichte wäre aus den Köpfen der Leute einfach verschwunden, weil die schriftlichen Zeugnisse der Putzwut der Nachwelt zum Opfer gefallen wären. Zugegeben, kaum ein Hobbyhistoriker darf erwarten, Ereignisse zu finden, die den Stand der aktuellen historischen Forschung völlig umwerfen – dennoch finden sich auch in den regionalen Dokumenten zuweilen spannende und gruselige Geschichten:

Wie die, auf die Hobby-Historiker Erwin Grieb aus Stuttgart-Vaihingen stieß, als er Kirchenbücher aus dem 17. Jahrhundert archivierte. Dort war niedergeschrieben das zwischen 1662 und 1665 insgesamt 20 Bürger und Bürgerinnen aus Vaihingen nach Esslingen gebracht wurden und dort in einem Hexenprozess bei lebendigem Leib verbrannt wurden. Den *Stuttgarter Nachrichten* offenbarte Hobby-Historiker Grieb auch etwas über den damaligen Vaihinger Pfarrer: *„Er hat mit zittriger Hand ins Kirchenbuch geschrieben – kurz darauf ist er gestorben."*

Auch die jüngere Geschichte bietet Spektakuläres. So recherchierten Kieler Ortshistoriker einen Überfall, der 1966 auf die Spar- und Darlehenskasse in der Rendsburger Landstraße 365 abzielte. Die Räuber hatten Pistolen und Tränengas mitgebracht und ließen ihr Fluchtauto, einen Opel Kapitän, mit laufendem Motor vor der Bank warten. 26.000 Mark konnten sie erbeuten und waren damit erstmal über alle Berge, bis sie im Folgejahr bei einem weiteren Überfall in der Region gefasst wurden. Eigentlich Stoff für einen Blockbuster.

Weckt das auch Ihre Neugier auf die historischen Ereignisse Ihrer Heimat? Falls ja, beginnen Sie am besten mit der Suche nach einem örtlichen Geschichtsverein. Der kümmert sich meist nicht nur um Recherche und Dokumentation, sondern auch um den Erhalt historischer Gebäude und das Bewahren regionalen Brauchtums.

71 Naturschutz vor der eigenen Tür

Sicherlich bedürfen viele Tierarten auf der Welt der aktiven Unterstützung des Menschen: Meeressäuger, die Plastik verschlucken, Menschenaffen, die ihren Lebensraum im Regenwald verlieren, oder Nashörner, die ihres Horns wegen ausgerottet werden. Doch neben Spenden an Tierschutzinitiativen ist der Naturschutz im eigenen Umfeld ein besonders befriedigendes Anliegen.

Besitzen Sie einen Garten? Wenn ja, was tun Sie, um es den geflügelten und behaarten Bewohnern dieses Areals möglichst angenehm zu machen? Vielleicht realisieren Sie eine der folgenden Ideen:

Bienen helfen: Von ihrer gesunden Population hängt rund ein Drittel der Lebensmittelproduktion ab. Doch obgleich viele Gärten und Balkons bunt mit Blumen bestückt sind, heißt das nicht, dass die fleißigen Insekten genug Nahrung finden. So können sie mit gefüllten Blütenköpfen von Rosen, Dahlien und Geranien nichts anfangen. Ebenso wenig bieten ihnen die nektarlosen Blüten von Forsythie oder Magnolie Nahrung. In Gartencentern und im Online-Handel bekommen Sie dagegen Saatenmischungen für bunt blühende „Bienenweiden“, die optimal auf die Bedürfnisse der emsigen Honigsammler abgestimmt sind.

Nistplätze schaffen: Der ursprüngliche Lebensraum unserer Singvögel waren lichte Wälder, in denen es durch das Totholz reichlich Nisthöhlen gab. In der modernen Stadt sind die Gärten dagegen so gepflegt, dass dort kein Gehölz mehr vertrocknet und totes umgehend entfernt wird. Deshalb unterstützen Sie die heimischen Vogelarten mit Nistkästen. Sie sollten in

Sicherheit vor Katzen und Mardern in etwa 2 bis 5 Meter Höhe hängen. Für kleinere Vogelarten genügt dabei die Aufhängung in Augenhöhe, größere wollen dem Himmel etwas näher sein (4 bis 5 Meter). Das Einflugloch zeigt dabei idealerweise nach Südosten.

Vögel füttern: An hausnahen Futterstellen werden Vögel sehr zutraulich und zuweilen sogar handzahm. Doch das Füttern soll hier keine Attraktion bieten, es kompensiert einen Mangel. Samenstände von Ackerwildkräutern sind seit der Verminderung von Brachflächen in der Landwirtschaft für Vögel kaum mehr verfügbar. Zudem verlieren sie durch das Insektensterben weitere Nahrungsgrundlagen. Insbesondere in der kalten Jahreszeit hat es deshalb Sinn, Gartenvögel bei ihrer Futterbeschaffung zu unterstützen. Passende Futterstellen dafür sind eher klein und so gebaut, dass das Futter nicht nass wird und kein Vogelkot hineingelangen kann. Hier sollten Sie zu „Silo-Systemen“ und Futtersäulen greifen.

Igel schützen: Die stacheligen Tierchen tun dem ökologischen Gleichgewicht im Garten gut, da sie von Schnecken, Spinnen und Insektenlarven leben. Für ihren artgerechten Lebensraum benötigen Igel allerdings ein ausreichend großes Revier, das Sie durch Aus- und Durchgangsmöglichkeiten in die Nachbarschaft schaffen. Unterschlupf findet ein Igel in Hecken, Büschen, Laubhaufen, Holzstapeln und Komposthaufen. Ein Gartenteich mit flachem Randbereich bietet ihm eine leicht zugängliche Wasserstelle.

72 Besuchen Sie Flohmärkte

Second-Hand-Kleidung, antike Möbel, alte Bücher, Retro-Elektrik – all das finden Sie nicht nur in den Online-Kleinanzeigen, sondern auch auf Deutschlands zahlreichen Floh- und Trödelmärkten. Falls Sie dort lange keine Runden mehr gedreht haben, nehmen Sie sich doch jetzt im Ruhestand Zeit dazu. Falls Ihr Einwand jetzt lautet „*Was soll ich denn kaufen, ich habe doch schon alles*", lesen Sie Tipp Nr. 38, der erklärt Ihnen, warum es heilsam sein kann, sich mit vielen alten Dingen zu umgeben.

Deutschlands Trödelfans haben darüber hinaus die große Auswahl zwischen den zahlreichen regionalen Antik- und Trödelmärkten und den großen Veranstaltungen der Metropolen. Vielleicht verbinden Sie den nächsten Flohmarktbesuch auch mit einer Kurzreise und besuchen den Trempelmarkt in Nürnberg, den Flohmarkt am Stuttgarter Karlsplatz oder den Nostalgischen Antik- und Trödelmarkt auf der Agra in Leipzig?

Dort brauchen Sie dann Angst davor haben, übers Ohr gehauen zu werden, wenn Sie die folgenden Regeln beachten:

- Prüfen Sie die Beschaffenheit Ihres Wunschobjektes am Stand genau. Das beinhaltet auch, bei Spielzeug und Elektro-Artikeln die Funktion zu überprüfen. Lassen Sie sich nicht mit Ausreden vertrösten: Ein seriöser Verkäufer wird daran interessiert sein, eine Steckdose aufzutreiben, um Ihnen den Plattenspieler per Vorführung schmackhaft zu machen.

- Stellen Sie dem Verkäufer Fragen zur Historie des gewünschten Stücks. Woher stammt eine Antiquität? Falls es sich um Besitztümer der Großmutter handelt, ist sich der Anbieter des wahren Werts unter Umständen nicht bewusst. Falls der Verkäufer jedoch ein altes Stück selbst erst kürzlich erstanden hat, gehört es womöglich zu seiner Strategie, Trödel billig einzukaufen und per Preisaufschlag seinen Gewinn zu machen.

- Gehen Sie nicht auf das erste Preisangebot des Händlers ein. Diese Summe lässt sich mit Verhandlungsgeschick häufig um etwa 30 Prozent mindern. Dabei ist es jedoch wichtig, dass Sie für Ihr Objekt der Begierde nicht zu viel Begeisterung zeigen. Wenn der Verkäufer merkt, dass Ihnen ein Gegenstand tatsächlich am Herzen liegt, wird er auf seinen Preis bestehen. Auch mit dem Zeitpunkt der Kaufentscheidung beeinflussen Sie den Preis. Während zu Beginn eines Flohmarkts viele Händler ihre Ware mangels Vergleichsmöglichkeiten günstig abgeben, steigt zum Ende hin der Druck, die Objekte loszuwerden. Wenn Sie dann noch mehrere Objekte bei einem Händler erstehen, können Sie durchaus einen Mengenrabatt verlangen.

- Verhandeln bedeutet nicht, offensiv Druck aufzubauen und dem Händler Mängel an seiner Ware aufzeigen zu müssen. Im Gegenteil: Wer sympathisch wirkt, hat insbesondere bei privaten Verkäufern gute Karten, einen Rabatt zu erhalten. Machen Sie daher dem Anbieter ein realistisches Gegenangebot, ohne es mit Kritik zu begründen. Sie können es unterstreichen, indem Sie die beabsichtigte Kaufsumme abgezählt in der Hand halten und suggerieren, es sei ihr gesamtes Budget für den Tag. Wirksam ist es auch, jemanden an der Seite zu haben, der den unsympathischen Part der Verhandlung übernimmt. Der Lebenspartner, der Sie zum Weitergehen auffordert und mahnt, nicht unnötig Geld auszugeben, steigert den Zeitdruck für den Anbieter.

73 Der letzte Wille

Es gibt Sachverhalte, um die möchte man sich generell nicht kümmern, weil sie negative Assoziationen erwecken. Dieses mulmige Gefühl ist wahrscheinlich der Grund dafür, dass so wenige Menschen in Deutschland einen Organspendeausweis besitzen. Im Alltagstrott der Arbeit schieben wir unangenehme Dinge gern reflexhaft beiseite, doch jetzt im Ruhestand hätten Sie prinzipiell Zeit, in Ruhe darüber nachzudenken. Schließlich ist allein der Gedanke an ein Testament nicht wirklich lebensbedrohlich, oder?

Warum sollte ich ein Testament machen? Diese Frage können nur Sie selbst beantworten. Schließlich tritt, sollten Sie sterben, ohne einen letzten Willen zu hinterlassen, automatisch die gesetzliche Erbfolge in Kraft. Schriftlich fixieren brauchen Sie im Prinzip nur etwas, wenn Sie mit den Konsequenzen dieser Variante nicht einverstanden sind.

Innerhalb der gesetzlichen Erbfolge werden die Angehörigen eines Verstorbenen bestimmten „Ordnungen" zugeteilt. Kinder, auch uneheliche und adoptierte, sind Erben erster Ordnung, Geschwister und Eltern sind Erben zweiter Ordnung. Erben dritter Ordnung sind Großeltern, Onkel und Tanten des Verstorbenen. Innerhalb der Ordnungen gilt das Repräsentationsprinzip. Ist also eines von zwei Kindern des Erblassers bereits gestorben, erben dessen Kinder, die Enkel des Erblassers, seinen Teil.

Bei einem Todesfall ohne Testament wird der Nachlass per Gesetz unter den Erben erster Ordnung aufgeteilt. Das kann für ein Ehepaar mit zwei Kindern folgende Konsequenzen haben: Hat das Paar Gütertrennung vereinbart, greift das Modell der gleichmäßigen Aufteilung und der hinterbliebene Lebenspartner so wie jedes der Kinder erhalten ein Drittel des Erbes. Lebten die Ehepartner in einer Zugewinngemeinschaft, erhält der hinterbliebene Lebenspartner ein Viertel des Vermögens als Zugewinnausgleich und ein Viertel als Erbe. Insgesamt erbt er also die Hälfte. Die andere Hälfte wird zu Teilen von je einem Viertel unter den Kindern verteilt.

Kann ein Ehepartner alles erben? Ja. Diese Lösung besteht, wenn die Eheleute ein sogenanntes Berliner Testament verfassen. Darin setzen sie sich gegenseitig als Alleinerben ein und formulieren die Bedingung, dass das gesamte Vermögen erst nach dem Tod des länger lebenden Elternteils auf die Kinder übergeht. Dieser Variante bedienen sich viele Paare, deren Eigenheim den größten Anteil am Vermögen ausmacht. Auf diese Weise kann der länger lebende Partner im Haus bleiben, ohne dass es Erbstreitigkeiten mit den Kindern gibt.

Kann ich ein Kind enterben? Das funktioniert in Deutschland nur unter speziellen Bedingungen. Sprechen Sie Ihrem Kind per Testament das Erbrecht ab, hat es dennoch Anrecht auf den sogenannten Pflichtteil in der halben Höhe des gesetzlichen Anteils. Diesen Teil kann ihm niemand streitig machen, außer es gibt triftige Gründe für ein vollständiges Ausschließen aus der Erbfolge.

Hierzulande werden drei Gründe anerkannt: 1. Das Kind trachtet dem Erblasser oder ihm nahestehenden Menschen nach dem Leben oder hat sich bereits Verbrechen gegenüber diesen Personen schuldig gemacht. 2. Das Kind ist bereits rechtskräftig für eine Straftat zu mindestens einem Jahr ohne Bewährung verurteilt worden. 3. Das Kind ist aufgrund einer vergleichbar schweren Tat in einer psychiatrischen Anstalt untergebracht worden.

74 Machen Sie kulinarische Experimente

„Essen ist die Erotik des Alters",

meinte Fernsehkoch Alfred Biolek. Trotz des leicht deprimierenden Beigeschmacks dieser These, ist es eine Tatsache, dass Menschen im Ruhestandsalter häufiger kochen als alle anderen. Während bei den unter 30-Jährigen nur 30 Prozent der Männer und 40 Prozent der Frauen täglich am Herd stehen, sind es bei der Generation 65+ beeindruckende 61 bzw. 82 Prozent. Ruheständler kochen häufiger – eventuell, weil Sie es familiär stärker vermittelt bekommen haben oder schlicht, weil sie mehr Zeit haben. Planen auch Sie, im Ruhestand mehr Zeit in Ihrer Küche zu verbringen?

Falls ja, bewegen Sie sich dabei nicht nur auf bekanntem Terrain! Gerade im Zuge der Nachhaltigkeitswelle erleben Gemüse wie violette Kartoffeln, Gelbe Bete, Topinambur und Aroniabeeren auf regionalen Märkten ein Revival. Mangold hat sich vom beinahe vergessenen Blattgemüse zum Trendfood gemausert, den fast ausgestorbenen Erdbeerspinat findet man wieder in Gartencentern. Was die deutsche und europäische Ursprungsküche zu bieten hat, lohnt es sich genauso zu entdecken, wie exotische Gerichte aus fernen Landen.

Doch auch exotische Delikatessen sollten Sie einmal in Eigenregie zubereiten, anstatt sie nur im Restaurant zu genießen. Haben Sie sich am Sushi-Rollen schon einmal selbst versucht? Von Nori-Algen, über Wasabi bis hin zu eingelegtem Ingwer finden Sie alle nötigen Zutaten dafür in gut sortierten Supermärkten. Und falls Sie rohen Fisch ablehnen, funktionieren hier auch stilechte Varianten mit Möhre, Avocado, japanischem Omelett, Tofu und Räucherfisch. Auch die indische Küche eignet sich wunderbar zum Selbstversuch. Hier kommt es in erster Linie darauf an, Gewürze wie Kreuzkümmel, Sternanis, Koriander, Kardamom und Chili frisch anzurösten und zu mahlen. Mit dieser Mischung schmecken auch einfache Gemüsepfannen wie beim „Dehli Palace“ um die Ecke.

Schließlich halten aktuelle Kochtrends auch immer technische Neuerungen und Wiederentdeckungen bereit, die neue kulinarische Highlights hervorbringen. Haben Sie schon einmal ein Gericht im traditionellen marokkanischen Tontopf, der Tajine, zubereitet? Oder ein Rinderfilet im Sous-Vide-Garverfahren? Vor allem die männlichen Kochfans der Bundesrepublik sind aktuell begeistert von den Möglichkeiten eines Hochtemperaturgrills, dem „Beefer“. Gesundheitsbewusste wenden sich wieder Mutters Schongarer zu, der jetzt werbewirksam „Slow Cooker“ heißt.

Apropos Slow: Vielleicht haben Sie auch Lust, im Ruhestand wieder Zeit für Küchentechniken aufzuwenden, die im normalen Arbeitsalltag einfach zu umständlich erscheinen. Selbst ein Brot backen. Vielleicht sogar selbst den Sauerteig dafür ansetzen. Und vielleicht sogar selbst aus der regionalen Beeren-Sommerernte hausgemachte Marmelade kochen – auch wenn es ein bisschen an ein Klischee aus Omas Zeiten erinnert.

Doch das Marmeladekochen kann man im Ruhestand auf ein ganz neues Niveau heben, wie der Bitburger Rentner Josef Benicks beweist. Der ehemalige Bäcker kocht jährlich 400 Gläser Erdbeer-Rhabarber-Marmelade, um sie gegen Spendengelder abzugeben und mit dem Erlös regionale soziale Projekte zu unterstützen. 35.000 Euro sind auf diese Weise bislang zusammengekommen. Diesen Grad der Produktivität müssen Sie nicht unbedingt anstreben – aber etwas mehr Kreativität in der Küche versüßt Ihnen den Ruhestand täglich.

75 Leben Sie plastikfrei

„Wir behandeln unsere Welt, als hätten wir noch eine zweite im Kofferraum"

– das berühmte Zitat von Jane Fonda beschreibt treffend, wie die Mehrheit der Menschen in den vergangenen Jahrzehnten gelebt hat. Mittlerweile rütteln Bilder von an Plastikteilen verendeten Walen und von Meeresschildkröten, deren Panzer in bizarren Formen um einen Plastikring-Gürtel herumwächst, das Medienpublikum auf. Und lassen fragen: Was haben wir eigentlich all die Zeit außer Acht gelassen?

Viel, wenn man die Entwicklung der Kunststoffproduktion anschaut: In den 1950er Jahren wurden jährlich weltweit nur 1,5 Millionen Tonnen Plastik hergestellt – im Jahre 2016 liegen wir bereits bei 348 Millionen Tonnen pro Jahr. Eine Steigerung um Faktor 232. Das Problem: Kunststoffe sind chemisch gesehen „inert", d.h. sie gehen beim Zerfall nicht in verwertbare Moleküle über, sondern werden lediglich zu mikrofeinen Partikeln zerrieben. Die bis zu 0,01 mm kleinen Teilchen verschmutzen dann als Mikroplastik unser Grundwasser.

Große Plastikteile in der Umwelt spülen die Flüsse dagegen in die Ozeane. 8 Millionen Tonnen Kunststoffabfälle landen jährlich in den Weltmeeren und erreichen die entlegensten Regionen. Als der amerikanische Tiefseeforscher Victor Vescovo im Frühjahr 2019 mit seinem U-Boot 10.928 Meter in den Marianengraben hinabtauchte und einen Tiefen-Weltrekord aufstellte, wartete dort bereits ein Zeichen menschlicher Zivilisation auf ihn: eine Plastiktüte.

Warum diese Ausführungen in einem Buch über den Ruhestand? Weil viele Menschen im Stress Ihres Arbeitslebens damit überfordert sind, um sich herumzuschauen und aktiv zu werden. Sie dagegen haben jetzt die Ruhe, sich bewusst für Produkte zu entscheiden, oder sie gegebenenfalls zu vermeiden. Denn die verringerte Nachfrage ist das mächtigste Druckmittel seitens des Käufers, überflüssige Plastikprodukte aus den Supermarktregalen zu verbannen. Und Sie gehören als Angehöriger der Baby-Boomer-Generation zur größten Konsumentengruppe.

Haben Sie Ihren persönlichen Haushalt bereits nach Plastikartikeln gescannt? Dauertragetaschen für das Einkaufen zu nutzen, ist hier der beste Einstieg. Darüber hinaus gibt es plastikfreie Wattestäbchen, Zahnbürsten und Zahnseide. Ein Rasierhobel aus Edelstahl ersetzt Einwegrasierer und Klingenköpfe. Baumwoll-Bienenwachstücher eignen sich als dauerhafte Alternative zu Frischhaltefolie und Alufolie. Feste Seifenstücke bieten, auch als Haarshampoo, die Pflegekraft natürlicher Pflanzenöle und -extrakte, ohne den Planeten mit unnützen Plastikverpackungen zu belasten. Schließlich eröffnen in vielen Regionen Unverpackt-Supermärkte, die dem Kunden Lebensmittel in eigens mitgebrachte Behälter abfüllen.

Und schließlich können Sie im Zeichen der Nachhaltigkeit auch wunderbar kreativ werden: „Upcycling“ bezeichnet einen neuen Trend, in dem Gebrauchs- und Dekorationsgegenstände aus Wegwerfartikeln oder Überflüssigem hergestellt werden. Bestes Beispiel sind Gartenmöbel aus Europaletten, Sprinkleranlagen oder Vogelfutterstationen aus durchlöcherten Plastikflaschen, Vasen aus Altglas oder Vorhänge aus Plastikverschlüssen.

Hier entwickeln sich zuweilen ganz eigene Kunstformen: Mit ungeliebten Stoffen (z.B. Mutters alter Gardine) und Beton lassen sich extravagant gestaltete Blumenkübel und Pflanzgefäße erschaffen. Für Inspirationen im Upcycling-Bereich brauchen

Sie den Begriff lediglich in der Google-Bildersuche oder bei einem der bekannten Fotoportale wie Instagram oder Pinterest einzugeben. Und dann gilt für Verpackungen, Verschlüsse und Co: Nicht wegwerfen, sondern für das nächste Do-it-yourself-Projekt sammeln

76 Schaffen Sie ein Schmuckstück

Es ist nicht alles Gold, was glänzt – auch aus anderen Materialien lassen sich wunderschöne Dinge fertigen. Wenn Sie schon immer gern die Geduld für „Friemelarbeit" aufgebracht haben und individuell gestaltete Accessoires lieben, sollten Sie sich vielleicht einmal als SchmuckdesignerIn versuchen. Am besten erlernen Sie die traditionellen Grundlagen dafür in einem Goldschmiedekurs.

Sowohl Juweliere als auch Volksschulen bieten Seminare an, in denen die Teilnehmer lernen, ihre individuellen Ringe oder Anhänger zu fertigen. Millionär brauchen Interessierte dafür trotz des luxuriösen Materials nicht zu sein, denn gearbeitet wird am Anfang zumeist mit preiswertem Silber. Passende Kursangebote gibt es ab 90 Euro Teilnahmegebühr pro Person plus Materialkosten.

Dafür erfahren die Teilnehmer dann, wie man statt Massenware exklusive Einzelstücke herstellt und erstellen innerhalb des Seminars ihr erstes Stück. Ein wenig Unvollkommenheit schmälert hier nicht die Wirkung, sondern erhöht den Charme der Eigenkreation. Insofern stellt ein handgefertigtes Schmuckstück auch das ideale Geschenk für einen geliebten Menschen dar – oder für sich selbst.

Dass Juweliere nicht umsonst eine jahrelange Ausbildung absolvieren, merken die Teilnehmer eines DIY-Goldschmiedekurses, wenn es ans Probieren der Techniken geht. Derer existieren nämlich viele: sägen, feilen, fräsen, löten und schmieden muss der Profi können, um jedes Material in die gewünschte Form zu bringen. Anfänger trainieren in vielen Kursen zunächst Gusstechniken mit Sand oder Fischbein. Dazu empfehlen einige

Kursanbieter sogar, alte Medaillons, Münzen oder Schmuckstücke von zuhause mitzubringen, die als Materialgrundlage dienen. Die Kursteilnehmer lernen dann, die Metalle umzulegieren, zu schmelzen, zu gießen und zu bearbeiten.

Für das selbst ersonnene Stück wird dabei zunächst ein Prototyp aus Wachs gestaltet, mithilfe dessen dann das Schmuckstück gegossen wird. Das Resultat ist nach dem Guss zunächst noch „roh“: In Feinarbeit muss der Hobby-Goldschmied die Gusskanäle absägen und die Kanten mit Feile und Schmirgelpapier glätten. Im letzten Arbeitsschritt poliert der Schöpfer sein Werk auf Hochglanz. Teilnehmer eines Hobby-Goldschmiedekurses berichten oft, wie viel Befriedigung es verschafft, bereits nach wenigen Arbeitsstunden ein unvergängliches Stück in der Hand zu halten, das auf die eigene Idee und die eigene Handarbeit zurückgeht.

Ihr Lieblingstier, Ihr Familienwappen oder ein Symbol, das Ihnen persönlich wichtig ist, könnten auch Ihnen als Inspiration dazu dienen. Wer lernt, Anhänger herzustellen, kann darüber hinaus selbstgesammelte Muscheln und Steine sowie Fotos, Kindermalerei oder Ausschnitte aus Postkarten oder Weltkarten darin verarbeiten.

Als einmaliges Experiment lohnt sich ein Goldschmiedekurs auf jeden Fall, selbst wenn Sie dabei nicht entdecken, dass Schmuckdesign Ihre späte Berufung wird.

77 Über den Wolken ...

„Ein Flugzeug zu erfinden, ist nichts. Es zu bauen, ein Anfang. Fliegen, das ist alles."

– so sah es Otto Lilienthal, Pionier des Gleitfluges. Doch den zahlreichen Modellflugzeug-Liebhabern in Deutschland genügt schon das Bauen der Maschine; mitfliegen müssen sie gar nicht mehr.

Dabei sind Flugmodelle kein Spielzeug, sondern dienten in der Geschichte stets als Vorläufer zukünftiger Innovationen. Der GlobalFlyer, mit dem Steve Fosset 2006 die Welt umrundete, und das Spaceship One, das den ersten privaten Weltraumflug unternahm, basieren auf den ausgeklügelten Modellen von Luftfahrtingenieur Burt Rutan. Auch moderne Nurflügel-Flugzeuge sowie solar- und elektrobetriebene Modelle haben ihren Ursprung im Modellbau, der diese Techniken bereits seit Jahrzehnten nutzt.

Dennoch müssen Sie kein Ingenieur sein, um zu starten: Viele beginnen Ihr Hobby mit einem gebrauchten Flugzeugmodell und wagen sich dann an einen Bausatz. Mit wachsender Erfahrung entwickeln Flugmodell-Piloten schließlich ihre eigenen Designs im CAD-Programm und realisieren sie anschließend in natura. Das Grundmaterial für die Hülle der Modelle nennt sich Foam und ist ein ultraleichtes Schaummaterial, das mit Papierwänden verstärkt wurde. Die Verkleidung, das Fahrgestell, der Reihenmotor – sämtliche Teile kann ein erfahrener Modellbauer in Eigenregie zusammensetzen. Dann folgt der Moment größter Erwartung: Fliegt es tatsächlich? Meist brauchen auch Profis mehrere Anläufe des Feintunings, bis das Fluggerät das gewünschte Flugverhalten aufweist. Wer selbst baut, hat allerdings auch mehr Kosten – im Durchschnitt investieren Konstrukteure 500 bis 1000€ in ihr Flugzeug. Die Grenzen sind nach oben hin offen. Doch trotz erheblicher Investitionen und hoher Komplexität ist das Hobby Modellflug bundesweit beliebt: rund 88.000 Menschen sind in Modellflugvereinen organisiert.

Der Verein bietet auch die nötige Örtlichkeit, den Modellflugplatz. Seit dem 01. Oktober 2017 setzt nämlich Luftverkehrsordnung (LuftVO) der Europäische Agentur für Luftsicherheit verschärfte Regelungen für den Drohnen- und Modellflug um. Auf eigens dafür ausgewiesenen Flugplätzen dürfen die Fluggeräte aufsteigen, bei einer Höhe von über 100 Metern brauchen Piloten eine gesonderte Erlaubnis. Für Modellflugzeuge ab 2 Kilogramm Gewicht müssen sie außerdem einen Kenntnisnachweis ablegen, der sich jedoch bequem online beim Deutschen Modellflieger Verband (DMV) beantragen lässt.

Und schließlich bringen die modernen Neuerungen nicht nur mehr Regeln, sondern auch mehr Flugspaß für die Modellpiloten: Mithilfe einer Kamera an der Flugzeugnase und einer Virtual-Reality-Brille erlebt der Pilot am Boden den Flug aus einer Perspektive, als würde er im Cockpit sitzen. Hier behält Otto Lilienthal eben doch Recht:

Fliegen, das ist alles!

78 Ein Update für Ihr Eigenheim

Jalousien, die sich bei Sonnenaufgang automatisch öffnen, eine Heizung, die ihre Temperatur an die Anwesenheit der Bewohner anpasst, und Sicherheitskameras, die automatisch zwielichtige Gestalten fotografieren, die sich an Ihrer Tür zu schaffen machen – für manche klingt das noch wie Science Fiction, während andere bereits in einem „Smart Home" leben. Wie sieht es bei Ihnen aus? Ist Ihr Eigenheim bereits auf dem neuesten Stand der Technik?

Wenn ja, dann liegen Sie im Trend: Im Jahr 2019 gaben 31 Prozent aller Deutschen an, in ihrem Heim mindestens eine Smart-Home-Anwendung installiert zu haben. Besonders gefragt, sind intelligente Lampen und Leuchten, die sich einschalten, wenn der Bewohner den betreffenden Raum betritt, und ausschalten, wenn er ihn verlässt. Auch smarte Heizkörperthermostate sind sehr gefragt: Sie wärmen die Wohnräume rechtzeitig auf, bevor die Hausbewohner nach Hause kommen und regeln die Temperatur in Räumen, die ungenutzt sind, automatisch herunter. Darüber hinaus erkennt die Heizung, wenn ein Fenster geöffnet wird, und schaltet sich automatisch ab. Wer bei der Abfahrt in den Urlaub vergisst, die Temperatur auf ein Minimum zu stellen, kann das auch aus der Ferne noch per Smartphone tun.

Heiz- und Beleuchtungssysteme im Smart Home sind vor allem darauf ausgerichtet, Energie zu sparen. Mit ca. 30 Prozent Reduktion der Energiekosten werben die Hersteller. Hier rentiert sich der Anschaffungspreis unter Umständen relativ schnell. Doch auch wenn Sie zur Miete wohnen und keinen Zugriff auf die Zentralheizung haben, können Sie Ihre alten Thermostate relativ unproblematisch gegen eine smarte Variante austauschen.

Ein anderes Argument für die „schlaue" Haustechnik ist der erhöhte Sicherheitsfaktor. Hier existieren viele Lösungen, die etwa bei Abwesenheit die Fenster verriegeln, Jalousien bedienen oder per Lichteinschalten in verschiedenen Räumen einen anwesenden Bewohner simulieren. Schließlich gibt es zahlreiche Alarmsysteme, die bei einem versuchten Manipulieren von Türen oder Fenster den Alarm auslösen, Fotos des potenziellen Eindringlings schießen und auf Ihr Handy senden.

Falls Sie sich fragen, woher Sie die Investitionsmittel für eine Umrüstung Ihres Hauses nehmen sollen, informieren Sie sich über das Förderungsprogramm der KfW. Die smarte Heizung und die automatische Rolladensteuerung fallen hier unter die „Maßnahmen zur energetischen Sanierung" und profitieren von günstigen Kreditkonditionen und Zuschüssen. Die KfW fördert darüber hinaus Maßnahmen zum Einbruchschutz und für den altersgerechten Umbau Ihres Eigenheims.

Nicht förderungsfähig sind dagegen technische Annehmlichkeiten wie die per Sprachsteuerung bedienbaren Haushaltsgeräte. Doch falls Sie Wert darauf legen, Musik, Film, Kaffee- und Waschmaschine in Ihrem Haus einfach per Ansage oder per Smartphone steuern zu können – auch das ist möglich. Wenn Sie jetzt einwenden, dass Sie noch nicht einmal über alle Funktionen Ihres Smartphones Bescheid wissen, gibt es auch dafür eine Lösung: Viele Volkshochschulen bieten aktuell Kurse an, die Einsteigern Smartphones, Tablets und sogar einzelne Anwendungen wie WhatsApp schrittweise erklären, sofern sie sich vorher noch nicht so intensiv damit auseinandergesetzt haben.

79 Wohnmobil-Mania

Als Rentner mit dem Wohnmobil ganz Europa bereisen – diesen Traum hegten viele junge Leute in den 1970ern, die damals noch mit ihren umgebauten Bullis durchs Land tourten. Augenscheinlich konnten sich etliche der freiheitsliebenden Vielfahrer Ihren Lebenstraum erfüllen – das würde zumindest die Zulassungszahlen der vergangenen Jahre erklären. Das Wohnmobil erlebt in hierzulande einen nie gekannten Boom: 2018 gilt als Rekordjahr der Branche. Insgesamt wurden deutschlandweit 46.859 Wohnmobile und 24.327 Wohnwagen neu zugelassen – damit hat sich die Anzahl der neuen Fahrzeuge innerhalb der vergangenen 5 Jahre beinahe verdoppelt. Doch damit bricht der Trend nicht ab: 2019 verspricht bereits eine neue Höchstmarke.

Die Käufer der Feriengefährte sind vorwiegend Ruheständler, wenn man den Altersdurchschnitt von 50,9 Jahren berücksichtigt. Doch wo geht die Reise hin? 30 Prozent der Wohnmobilreisenden und damit die Mehrheit nutzt ihren fahrbaren Untersatz, um die Schönheit unseres Heimatlandes zu erkunden. Hier laden Nordsee, Ostsee, Weinstraße, Sächsische Schweiz und Allgäu zum Entdecken und Entspannen ein und überraschen mit einer immer stärker ausgebauten Infrastruktur für Wohnmobilisten. Auf Platz 2 bis 5 der beliebtesten Reiseziele rangieren Italien, Kroatien, Frankreich und Spanien. Hier nutzen viele Ruheständler die Gelegenheit, den Winter in wärmeren Gefilden zu verbringen.

Doch auch ganz exotische Reiseziele können Sie – wenn Ihr Budget nicht allzu knapp ist – per Caravan erreichen. Australien, Afrika, Südamerika oder die USA – auf diese Reiseziele hat sich das Düsseldorfer Unternehmen SeaBridge seit 1997 spezialisiert. Die Firma organisiert die Verschiffung des Wohnmobils, mit dem seine Besitzer dann in fernen Landen Ihre Individualreise starten können. Wem das zu riskant erscheint, der kann beim Unternehmen auch geführte Wohnmobil-Trips buchen, auf denen ein kundiger Reiseführer die Teilnehmergruppe begleitet und Informationen zu den regionalen Highlights bereitstellt. Eine Rundreise von Lima nach Buenos Aires nach Feuerland und wieder zurück über die Panamericana dauert 18 Wochen und kostet knapp 10.000 Euro pro Person. Wer sich das gönnt, der legt sich vielleicht auch eines der neuen Luxus-Mobile zu, die vom mitreisenden Kleinwagen über den Whirlpool auf dem Dach bis hin zum Wurzelholzfurnier alles bieten. Für die Normalbevölkerung ist da eher der Markt für gebrauchte Wohnmobile und für Mietfahrzeuge eine gangbare Lösung. Doch wer hier erst einmal auf den Geschmack gekommen ist, der macht selten wieder Hotelurlaub.

Für manch einen birgt das Leben „on the road" sogar so viel Freiheit, dass es heilsam ist. Wie für Gisela Homberg, die mit 67 aufgrund ihrer rheumatischen Autoimmunerkrankung einem Leben im Rollstuhl entgegenblickte. Um ihrem vermeintlichen Schicksal wortwörtlich zu entfliehen, verkaufte die Rentnerin ihr Haus, legte sich ein blaues Wohnmobil zu und lebt seitdem ständig „auf der Straße". Den Winter verbringt die heute 75-Jährige in Marokko, im Sommer entdeckt sie im Osten Europas Orte aus ihrer Vergangenheit. Wie die Yoga-Liebhaberin das wilde Leben genießt, bannt die WDR-Doku „Gisela on the Road" auf den Bildschirm.

Verspüren Sie jetzt schon leichtes Fernweh? Dann lassen Sie sich noch ein weiteres Argument mitgeben: Als Best Ager, der vor 1980 geboren wurde, dürfen Sie mit Ihrem regulären Führerschein auch größere Wohnmobile über 3,5 t fahren, ohne eine Zusatzschulung absolvieren zu müssen. Damit steht Ihrem Urlaub per Caravan nichts mehr im Wege.

80 Traumschiff, ahoi!

Wer im Ruhestand zu viel Zeit hat und nicht weiß, wohin mit dem Geld, dem bieten Kreuzfahrten eine optimale Möglichkeit, seine Tage mit Abwechslung zu füllen und einen überbordenden Kontostand in Schach zu halten. Hier sind die Möglichkeiten beinahe unbegrenzt: Die Südseeroute von Neuseeland nach Hawaii, eine Atlantikquerung von Hamburg nach New York, entlang der gletscherreichen Küste von Vancouver nach Alaska oder die kulturell spannende Mittelmeertour von Rom nach Barcelona. Wer die Mittel besitzt, im Ruhestand all diese Strecken per Schiff zu erleben, hat ein Lebensprojekt vor sich.

Dass trotz saftiger Preise viele Rentner das Kreuzfahrt-Angebot der Reedereien nutzen, verrät die Statistik: 2,7 Millionen Deutsche reisten im Jahr 2017 per Kreuzfahrtschiff – damit zeichnet sich ein wahrer Urlaubstrend ab. Seit 2008 hat sich die Anzahl der Fahrten beinahe verdoppelt. Dabei sind die Ruheständler auf den Schiffen in der Mehrheit: weltweit fallen 25 Prozent der Kreuzfahrer in die Alterskategorie 60-74 und weitere 25 Prozent in die Kategorie 50-59. Ein bisschen scheint das Leben auf den Meeresriesen die ambivalenten Bedürfnisse der neuen Ruhestandsgeneration zu befriedigen: Die Welt entdecken, aber dabei nicht auf den gewohnten Komfort verzichten müssen.

Da wundert es nicht, dass manch ein Rentnerpaar das Eigenheim in eine kleine Wohnung tauscht, um mehrfach im Jahr auf hoher See unterwegs sein zu können. Eine Studie im *Journal of the American Geriatrics Society* beleuchtete sogar kürzlich unter finanziellen Gesichtspunkten die Variante, sein Heim an Land völlig aufzugeben und dafür ständig auf dem Kreuzfahrtschiff zu leben. Laut den Autoren mache das durchaus Sinn, da die Kreuzfahrtpreise in etwa den Kosten für betreutes

Wohnen entsprechen, wobei die Lebensqualität an Bord eines Kreuzfahrtschiffes deutlich höher sei. Und schließlich werde den Passagieren mit Fitness-Angeboten, Entertainment, rund-um-die-Uhr-Verpflegung und – nicht zu vergessen – der spektakulären Aussicht, wesentlich mehr geboten als im Altenheim.

Sie halten das für einen skurrilen Gedanken? Dann halten Sie sich fest:

Im Jahr 2020 wird mit der *MS Lebenstraum* das erste Kreuzfahrtschiff als dauerhafte Seniorenresidenz in See stechen. Der Veranstalter TED Cruises baute dafür ein auf 350 Personen ausgelegtes Schiff für das Beherbergen von 220 Passagieren um, sodass überall auf dem Schiff Barrierefreiheit herrscht. Die Crew besteht aus speziell geschultem Pflegepersonal und das Schiff ist mit Krankenstation und Operationssaal ausgerüstet. Der permanente Aufenthalt kostet hier, je nach Kabinensorte, zwischen 2900 und 3900 Euro pro Monat. Verglichen mit einem Platz im Pflegeheim, der 3000 bis 3500 Euro kosten kann, wird den Passagieren laut Veranstalter eine luxuriöse Ausstattung und wechselndes Programm durch unterschiedliche Fahrtrouten geboten.

Falls Sie jetzt bereits Ihr Smartphone zücken, um den Ruhestand auf hoher See für sich und ihren Partner zu buchen, lehnen Sie sich wieder zurück: Alle Plätze der *MS Lebenstraum* sind bereits weit vor ihrer Jungfernfahrt restlos ausgebucht.

81 Protestieren Sie

In der 68er-Bewegung protestierten sie einst gegen Atomwaffen und für die Pressefreiheit – als Rentner gehen sie erneut auf die Straße. Das Engagement, das viele Ruheständler aktuell für gesellschaftlichen Wandel und gegen rücksichtslose Bauprojekte zeigen, ist bemerkenswert. Vielleicht dient es auch Ihnen als Inspiration …

Eine Zentralfigur des Grauen Widerstands ist Hartmut Binner aus München. Nach 42 Jahren im Polizeidienst und einer Karriere als Leistungssportler fiel es ihm schwer, im Ruhestand die Füße still zu halten. „*Ich wollte in meinem Leben noch eine Furche ziehen*“, verrät er der *Welt* im Interview. Als der Plan laut wurde, den Münchner Flughafen um eine dritte Startbahn zu erweitern, entdeckte Binner den Revoluzzer in sich. Heute vertritt er als Sprecher der Initiative aufgeMUCkt die Interessen tausender Startbahngegner und über 80 Bürgerinitiativen. Der 1,90-Mann kampiert, wenn es sein muss, auch mal vor der Staatskanzlei, tourt mit Lärmmessgerät durchs Land und lagert in seiner Garage, der „Zentrale des Widerstandes“, Aufsteller, Transparente und Protest-Sticker.

„Wer Rentner quält, wird nicht gewählt!“

– zu markigen Protestslogans greift auch Gerhard Kieseheuer, um seiner Botschaft Tragweite zu verleihen. Der ehemalige Fleischermeister ist heute, im Alter von 70 Jahren, Bundesvorsitzender der Direktversicherungsgeschädigten. Er engagiert sich für die 6 Millionen Bürger, die vor Jahren eine spezielle Form der Altersvorsorge abgeschlossen haben, auf deren Ersparnisse sie nun – entgegen der ursprünglichen Absprachen – nachträglich Sozialversicherungsabgaben zahlen müssen.

Die summieren sich bei manchen Betroffenen auf Beträge von mehreren Zehntausend Euro.

„Wir wurden erst angelockt, dann abgezockt“

– mit diesem Schlachtruf fasst Kieseheuer medienwirksam die Gefühle der über 2500 Vereinsmitglieder zusammen. Dass die Bewegung Wellen schlägt, bestätigt ihr Echo in der Politik. Jüngst stellte Gesundheitsminister Jens Spahn sogar in Aussicht, gemeinsam mit Sozialminister Hubertus Heil „an einer Lösung zu arbeiten“.

Protestierende Ruheständler? Laut Fachleuten stehen wir hier erst am Anfang einer großen Bewegung. Der Göttinger Demokratieforscher Fritz Walter prophezeite gar der Zeitung *Die Welt*:

„Spätestens zwischen 2015 und 2035 werden sich Hunderttausende hoch motivierter und rüstiger Rentner mit dem gesamten Rüstzeug der in den Jugendjahren reichlich gesammelten Demonstrationsverfahren in den öffentlich vorgetragenen Widerspruch begeben.“

In seiner Studie über deutsche Protestbewegungen stieß der Wissenschaftler überraschend auf den überproportional hohen Anteil älterer Teilnehmer der aktuellen Protestbewegungen.

Was lässt Sie beinahe in die Luft und vielleicht sogar auf die Straße gehen? Eventuell ein bestimmtes Stadtentwicklungsprojekt oder Energievorhaben in Ihrer Nachbarschaft? Dann sammeln Sie Informationen und treffen Sie sich mit den lokalen Protest-Initiativen. Vielleicht zählen auch Sie demnächst zur Best-Ager-Protest-Bewegung der „2020er“.

82 Honig, Salz und Co – entdecken Sie die Liebe zum Detail

„Ach wie viele Dinge es doch gibt, die ich nicht brauche"

– das meinte der große Philosoph Sokrates im 4. Jahrhundert vor Christus und charakterisiert bereits vortrefflich den Minimalismus-Lifestyle von heute. Inzwischen hat es wohl jeder gemerkt: Wir sind nicht mehr in den 1960ern, wo die Hausfrau für jede erdenkbare Speise einen eigenen Satz Geschirr besitzen wollte, und auch nicht in den 1990ern, wo das dickste Auto gar nicht umweltschädlich genug sein konnte. Heute sind Plastikwattestäbchen EU-weit verboten, der „Carbon Footprint" ist ein geläufiges Small-Talk-Thema und selbst die Discounter haben die Einwegtüten von den Kassen verbannt.

Demgegenüber stehen unsere alltäglichen Gewohnheiten. Wir kochen unseren Kaffee, streichen uns den Honig aufs Brötchen, salzen unser Frühstücksei und ... haben uns eigentlich nie gefragt, woher die Dinge stammen, die wir alltäglich verzehren und benutzen. Am Beispiel Honig wird es gut deutlich: Hier kaufen die großen Produzenten Honigchargen aus aller Welt ein und mischen sie zu einem Produkt von beständiger Farbe und immer gleichem Aroma. Viele übernehmen diese Definition kritiklos, lassen den goldenen Sirup täglich aus der Plastikflasche in ihr Müsli laufen und denken nicht über die Alternativen nach. Dabei bestehen so viele: Regionale Imker in Deutschland produzieren vom mild-cremigen Rapshonig bis zum würzig-dunklen Tannenhonig unzählige Sorten, die geschmacklich weit über den Horizont einer „Mischung von Honig aus EU und Nicht-EU-Ländern" hinausgehen. Und höchstwahrscheinlich weniger gefährliche Pestizidrückstände enthalten.

Auch die übrigen Frühstückskomponenten lohnt es sich, unter die Lupe zu nehmen: Macht sich ein französisches Fleur de Sel oder ein naturreines Steinsalz nicht vielleicht besser auf Ihrem Ei? Stammt das Ei von freilaufenden Hühnern aus der Region? Schmecken die Brötchen vom Bio-Hof aus der Nachbarschaft nicht vielleicht kerniger als die standardisierte Backmischungsware von der Bäckerei-Kette? Und wie sieht es eigentlich mit dem Pullover aus, den Sie tragen? Handelt es sich dabei um ein preiswertes Produkt, das in einem Entwicklungsland hergestellt wurde, oder um ein Stück aus Naturfasern, dass Ihnen beim Tragen ein besonders gutes Gefühl auf der Haut verschafft?

Zugegeben, kaum jemand kauft heutzutage noch völlig gedankenlos ein. Doch lohnt es sich, immer wieder nach regional, nachhaltig und vielleicht sogar handwerklich produzierten Alternativen Ausschau zu halten. Und zwar nicht allein aus ideologischen Gründen, sondern für das Erlebnis, dass auch in kleinen Details des Alltags große Unterschiede zu entdecken sind.

83 Schlafen Sie gut

Liegt Ihr Ruhestand noch vor Ihnen, erwarten Sie statistisch gesehen 20,5 Jahre, in denen Sie Ihre Tage ohne Zwang selbst gestalten können. Und natürlich Ihre Nächte – die rund 25 bis 30 Prozent Ihrer Rentenzeit ausmachen werden. Gerade diese Stunden sind es aber, die vielen Rentnern die gute Laune rauben – denn etwa 50 Prozent der über 65-jährigen leiden unter einem schlechten Schlaf. Daher der Rat: Investieren Sie beizeiten etwas Energie in die Beschäftigung mit dem Thema Nachtruhe. Diese Anlage zahlt sich in Energie, Zufriedenheit und Ausgeglichenheit aus.

Schlafen Sie überhaupt schlecht? Diese Frage bejaht zwar die Hälfte aller Senioren; meint damit aber in erster Linie, dass sie nicht mehr *so* schläft wie mit Mitte 30. Allein deswegen, weil sie einen deutlichen Unterschied bemerken – sie schlafen langsamer ein, wachen häufiger auf, werden früher wach – diagnostizieren viele Rentner sich selbst eine schwere Schlafstörung. Schlafmediziner hingegen wenden ein, dass es sich in den meisten Fällen eher um unrealistische Erwartungen handelt, statt um ein Krankheitsbild.

Der Mensch ab 60 schläft naturgemäß deutlich anders als ein halb so alter Zeitgenosse. Mit steigendem Lebensalter werden die Tiefschlaf- und Traumphasen immer kürzer, der Schlaf wird leichter unterbrochen und das Einschlafen gelingt nicht mehr wie als Kind in Sekundenschnelle. Das ist völlig normal. Außerdem benötigen ältere Menschen durchschnittlich 40 Minuten weniger Gesamtschlaf als Jüngere. Im Ergebnis bedeutet das, dass ein 70-Jähriger, der um 10 ins Bett geht, 30 Minuten vor dem Einschlafen wach liegt, bis 4.30 Uhr am Morgen schläft und dabei zweimal in der Nacht wach geworden ist, im Grunde kein gesundheitliches Problem hat. „*Gut schläft, der gar nicht merkt, dass er schlecht schläft*", witzelte bereits der antike Dichter Publilius Syrus – heute würden Ärzte eher das Gegenteil bezeugen: Die meisten Rentner schlafen schlecht, weil sie nicht wissen, dass sie gut schlafen.

Woher kommt dann die morgendliche Erschöpfung? Sie kann in vielen Fällen mit durch den Stress entstehen, der folgt, wenn man sich schlaflos im Bett wälzt. „*Es ist unter älteren Menschen sehr verbreitet, zehn bis zwölf Stunden im Bett zu verbringen, um am Ende fünf Stunden zu schlafen. Das ist wirklich frustrierend*" – so umriss der amerikanische Psychiater Daniel Buysse gegenüber der *New York Times* jüngst das Problem der Senioren und wollte mit seinem radikalen Interventionsprogramm dagegen vorgehen. Er stellte für 80 Patienten, die an chronischen Schlafstörungen litten, lediglich 4 Regeln auf:

1. Verringere die Verweildauer im Bett!

2. Stehe jeden Tag zur gleichen Zeit auf!

3. Gehe nicht zu Bett, bevor du müde bist!

4. Bleib nicht im Bett, wenn du nicht schläfst!

Nachdem die Patienten diese Regeln beherzigten, berichteten zwei Drittel, ihre Schlafqualität sei deutlich gestiegen – und Ihre Verweildauer im Bett messbar gesunken. Über die Hälfte der Studienteilnehmer urteilte im Anschluss an die Maßnahme, dass ihre Schlafstörungen komplett verschwunden seien.

Nun existieren viele weitere Regeln zur Schlafhygiene: Seien Sie tagsüber körperlich aktiv und tanken Sie Licht – das steigert die Produktion des Schlafhormons Melatonin. Investieren Sie in eine gute Matratze. Regulieren Sie die Schlafzimmertemperatur nicht zu hoch. Dunkeln Sie den Raum komplett ab. Essen Sie am Abend nicht zu schwer. Meiden Sie Alkohol und Kaffee und üben Sie es, Sorgen nicht mit ins Bett zu nehmen.

Falls Sie alles beherzigen und dennoch früh wach werden (eigentlich nicht schlecht erholt), dann lassen Sie sich trösten: Mit zunehmendem Alter werden alle Nachteulen irgendwann auch zu Lerchen. Nutzen Sie die Zeit am frühen Morgen für etwas Erhebendes: Meditation, Yoga, einen frühen Spaziergang mit dem Hund, spannende Lektüre ... in dem Moment, in dem Sie eine neue Morgenroutine entwickeln, als Sie zu Zeiten Ihrer Berufstätigkeit verfolgten, passt auch Ihr neuer Schlafrhythmus wieder optimal in Ihr Leben.

84 Das eigene Hotel per Airbnb

Die Kinder sind längst ausgezogen, die Einliegerwohnung steht leer, die Zimmer im Anbau dienen nur noch als Abstellkammer – viele Ruheständler leben im zu groß gewordenen Eigenheim und fragen sich, was sie mit dem Platz anfangen sollen. Immerhin brauchen viele Familien die vorhandenen Räume nur zu Weihnachten, wenn doch mal wieder alle Kinder und Enkel unter einem Dach zusammenkommen. Was man den Rest des Jahres mit den Extra-Zimmern anstellen könnte, schlägt ein findiges Unternehmen aus dem kalifornischen Silicon Valley vor, das seit rund einem Jahrzehnt weltweit die Tourismusbranche durcheinanderwirbelt.

Airbnb startete als digitale Plattform für Menschen, die dann und wann ein „Air Bed and Breakfast", eine Luftmatratze mit Frühstück, für Gäste aus aller Welt zur Verfügung stellen wollen. Inzwischen vermittelt es nach eigenen Angaben 5 Millionen Ferienzimmer und -wohnungen privater und professioneller Anbieter aus 190 Ländern der Welt. Frühstück spielt dabei in den meisten Fällen keine Rolle mehr. Stattdessen bietet Airbnb die Plattform für die Präsentation und das bequeme Buchungssystem, dafür kassiert der Anbieter vom Gastgeber etwa 3 Prozent seines Übernachtungspreises.

Ein potenzielles Gästezimmer oder eine Ferienwohnung bei Airbnb anzubieten, ist nicht mit großen Hürden verbunden. Dazu legen Sie als Gastgeber zunächst einen Account an, der Sie persönlich kurz beschreibt und die angebotene Unterkunft darstellt. Gute Fotos und ein kreativer Text helfen bei der Präsentation. Als Anbieter behalten Sie die Flexibilität, Ihre Unterkunft dauerhaft, periodisch oder nur für einen ausgewählten Zeitraum zur Miete anzubieten. Natürlich legen Sie auch die

Hausregeln fest und bestimmen z.B., ob das Mitbringen eines Hundes erlaubt ist. Die Plattform möchte Sicherheit schaffen, indem sie auf ein Bewertungssystem setzt. Nach dem Aufenthalt kann sowohl der Gast die Unterkunft bewerten, als auch der Gastgeber seine Gäste.

Falls Sie schon immer davon geträumt haben, mal eine Pension zu betreiben, bietet der Einstieg über Airbnb eventuell die Möglichkeit, diesen Traum auf seine Realitätstauglichkeit zu testen. Als Gastgeber sollten Sie durchaus eine Ader dafür besitzen, mit welchen Kleinigkeiten Sie Ihren Gästen den Aufenthalt etwas versüßen könnten. Obst und Wasser als Willkommensgeschenk auf dem Zimmer, Schokolade auf dem Kissen oder nützliche Prospekte über die nahen Sehenswürdigkeiten – all das kommt gut an. Mit Glück entwickelt sich ein netter Austausch mit Touristen, die die Stadt besuchen, und eventuell aus einer Region stammen, an der Sie selbst sehr interessiert sind. Leider gibt es auch die schwarzen Schafe: Dafür bietet Airbnb eine Versicherung gegen Beschädigungen und eine Beschwerdefunktion für lärmgeplagte Nachbarn an.

Bei aller Euphorie ob der modernen Technik und ihrer globalen Möglichkeiten steht Airbnb stark in der Kritik. Gerade die Großstädte befürchten, dass zu viele Privatmenschen aus Gewinnabsicht ihre Wohnung lieber an Kurzzeitgäste vermieten, statt dauerhaft eine WG zu gründen oder Untermieter zu finden. Airbnb verschärft ihrer Auffassung nach die Wohnraumknappheit, weshalb in vielen Regionen ein Zweckentfremdungsverbot gilt, das bestimmt, wie oft Sie Ihren Wohnraum vermieten dürfen und welchen Flächenanteil diese Vermietung nicht übersteigen darf. Das gilt sogar für Haus- und Wohnungseigentümer. Die Einnahmen, die Sie über Airbnb erzielen, sind natürlich steuerpflichtig und wirken sich unter Umständen auf die Höhe Ihrer Rente aus.

Falls Ihnen das Dasein als „Herbergsvater" oder „-mutter" dennoch wie ein lohnendes Experiment für Ihren Ruhestand erscheint, erkundigen Sie sich am besten im Voraus über die regionalen Richtlinien bezüglich Ihrer Vermietungsmöglichkeiten. Theoretisch können Sie Airbnb-Zimmer selbst in Ihrer Mietwohnung anbieten – allerdings dann nur in vorheriger Absprache mit Ihrem Vermieter.

85 Finden Sie vierbeinige Freunde

„Hunde haben alle guten Eigenschaften des Menschen, ohne gleichzeitig seine Fehler zu besitzen“,

urteilte schon Friedrich der Große über den „besten Freund des Menschen“. Wollen Sie sich im Ruhestand auch erstmals (oder erneut) davon überzeugen?

Viele Menschen haben in der Jugend Erfahrungen mit Haustieren gesammelt, aber im Berufsleben davon Abstand genommen, sich an einen Hund, eine Katze und die zugehörige Verantwortung zu binden. Doch nach dem Ausscheiden aus dem Tagesgeschehen spricht viel für tierische Mitbewohner. Insbesondere ein Hund bringt Struktur in den Tag und zwingt dazu, sich täglich im Freien zu bewegen. Das wiederum kurbelt Herz, Kreislauf und kreative Gedanken an. Darüber hinaus erhalten Hundebesitzer lockeren Zugang zur umliegenden „Hundegemeinde“, die Gelegenheit zum Small Talk und zum Bilden neuer Bekanntschaften bietet.

„Nachdem die Kinder endlich aus dem Haus sind, will ich mir keine Verantwortung für ein Tier mehr aufhalsen“ – dieser Standpunkt hat durchaus seine Berechtigung. Doch die emotionale Belebung, die ein Hund in den Alltag bringt, wiegt die Verpflichtungen – zumindest nach Ansicht passionierter Hundebesitzer – vielfach auf. Der Vierbeiner kann bei Rentnerpaaren durchaus zu einer Art „Ersatzkind“ heranwachsen und ist ein treuer Freund, der Herrchen und Frauchen auf Schritt und Tritt begleitet. Schließlich hindert ein Hund in „Taschengröße“ heutzutage auch leidenschaftliche Weltenbummler nicht an ihren Plänen, denn zahlreiche Hotels und Pensionen sind auf tierische Gäste eingestellt. Und falls Sie als Ruheständler

einmal ohne Ihren felligen Anhang verreisen wollen, finden sich vielleicht dankbare Enkel oder benachbarte Tierfreunde, die Ihren Hund gern kurzzeitig versorgen.

Bei der Wahl des richtigen „Partners mit der kalten Schnauze" sollten Sie Ihr Augenmerk auf die passende Rasse legen. Wer selbst keine Sportskanone ist, sollte sich keinen Border Collie ins Haus holen, dessen Hütetrieb und Bewegungsdrang täglich viele Stunden Einsatz des Halters verlangt. Eine Französische Bulldogge oder ein Berner Sennenhund besitzen dagegen ein wesentlich gesetzteres Temperament. Auch das End-Gewicht und die Größe eines Hundes müssen Sie als zukünftiger Besitzer im Auge behalten – Ihre körperliche Fitness sollte auch in den kommenden Jahren dazu ausreichen, ein krankes Tier die Treppe hinaufzutragen oder ins Auto zu heben.

Schließlich stellt sich die Frage, woher der Hund stammen soll. Bei einem im VDH (Verband für das deutsche Hundewesen) gelisteten Züchter können Interessenten sich um einen Welpen der favorisierten Rasse bewerben. Der Züchter gibt zusätzlich Informationen, ob der gewählte Hund zum Lebensrhythmus und den räumlichen Verhältnissen passt. Eine andere Möglichkeit ist die Adoption eines erwachsenen Tieres aus dem Tierschutz. Hier müssen Sie als Neu-Besitzer – je nach Vorgeschichte des Hundes – grundlegende Erziehungsmaßnahmen wie Stubenreinheits- und Leinenführigkeitstraining nicht mehr übernehmen. Dafür schenken Sie einem dankbaren Tierheimhund endlich ein Zuhause auf Lebenszeit. Und dann pflichten Sie höchstwahrscheinlich bald auch dem Zitat von Louis Armstrong bei, der meinte:

„Mit einem kurzen Schwanzwedeln kann ein Hund mehr Gefühl ausdrücken, als mancher Mensch mit stundenlangem Gerede."

86 Achten Sie auf sich - besonders in den ersten 6 Monaten des Ruhestands!

Sich dem täglichen Stress nicht mehr gewachsen fühlen und fürchten, darunter irgendwann zusammenzubrechen ... darüber klagen viele Arbeitnehmer auf dem Höhepunkt ihrer Karriere. Bei Top-Managern und Führungskräften bezweifelt niemand, dass ein anspruchsvoller Beruf auch ein Gesundheitsrisiko darstellen kann: Herzinfarkt, Schlaganfall, Burn-Out – diese Schicksalsschläge werden insbesondere bei Männern auch mit der Belastung im Job assoziiert.

Sinkt also mit dem Renteneintritt das Risiko einer Erkrankung? – Nur bedingt, wie die Forscher des RWI Leibniz-Institutes für Wirtschaftsforschung festgestellt haben. Sie werteten die Daten von insgesamt 800.000 Rentnern aus und kamen dabei zu dem Schluss, dass der Renteneintritt sowohl positive als auch negative gesundheitliche Folgen nach sich ziehen kann:

Bei gutverdienenden Männern und Frauen, die mit 65 Jahren in Rente gehen, erhöht sich die Sterblichkeitsrate verglichen zum Durchschnitt um 2,6 bzw. 4,6 Prozent. Geringverdiener sind nicht ganz so gefährdet, verzeichnen jedoch auch eine 1,5 Prozent höhere Sterblichkeitsrate nach dem Renteneintritt. Besonders mit Gesundheitsrisiken behaftet erscheinen dabei die ersten 6 Monate nach Renteneintritt.

Das ist doch paradox - sich endlich nicht mehr abhetzen müssen, soll krank machen? Die Wissenschaftler erklären sich die Ergebnisse der Studie in erster Linie mit der Veränderung des sozialen Umfelds der Ruheständler. Denn Gutverdiener verlieren mit dem Ausscheiden aus dem Beruf gleichzeitig ihr soziales Prestige und ihre Netzwerke. Isolation bildet wiederum einen der größten Stressfaktoren im menschlichen Dasein und Stress macht erwiesenermaßen krank.

Anders sieht es bei der Rente mit 63 aus. Hier sinkt für Männer aus der unteren Einkommenshälfte die Sterblichkeitsrate um 1,6 Prozent. Sogar Menschen, die aus einer Arbeitslosigkeit heraus mit 63 Jahren in Rente gehen, weisen eine um 1,2 Prozent verminderte Sterblichkeit auf als der Durchschnitt. Gutverdiener hingegen erleben beim früheren Renteneinstritt keine statistische Veränderung – auch keine negative.

Was bedeuten die Statistiken für Sie persönlich? Falls Ihr Einkommen über dem deutschen Durchschnitt liegt und Sie planen mit 65 Jahren in Rente zu gehen, sollten Sie sich verstärkt Gedanken um ihr Stresslevel machen. Und zwar vor allem um jenen Stress, der aus Isolation und Unterforderung entsteht. Sind Sie in der glücklichen Lage, einen Freundeskreis um sich zu haben, der bereits zum größten Teil aus Rentnern besteht? Führen Sie eine aktive Ehe oder Partnerschaft? Nehmen Sie am Leben ihrer Kinder und Enkel teil? Welche Projekte werden Sie nach dem Renteneintritt in ihrer dazugewonnenen Freizeit verfolgen?

All diese Fragen können Ihnen dabei helfen, sich bereits im ausgehenden Arbeitsleben mit Ihrer neuen Lebensphase zu beschäftigen. Zusätzlich helfen Bewegungsprogramme aller Art dabei, den Stress zu reduzieren. Gehen Sie Wandern, Radfahren, Schwimmen, Laufen – jede moderate Aktivierung Ihres Herz-Kreislauf-Systems senkt Ihren Cortisolspiegel und fördert die Ausschüttung von stimmungsaufhellenden Hormonen.

Selbst wenn Sie beim Gedanken daran vorwiegend Erleichterung verspüren – machen Sie sich rechtzeitig bewusst, welche Belastung der Renteneintritt mit sich bringen kann. Nur wenn Sie sich der Risiken und Gefahren gewahr werden, können Sie aktiv auf sich achten und Ihre Gesundheit so erhalten, dass Sie Ihren Ruhestand genießen können.

87 Entdecken Sie Ihre künstlerische Ader

„*Die Farbe ist der Ort, wo unser Gehirn und das Weltall sich begegnen*" – so dramatisch nahm der französische Maler Paul Cézanne die Nuancen seiner Umwelt wahr. Geht es Ihnen vielleicht ganz ähnlich? Faszinieren Sie Farben und Formen? Gestalten Sie die Wände in Büro und Heim gern mit ausgewählten Drucken und Originalen? Warum werden Sie dann nach Ihrem Ausscheiden aus dem Arbeitsleben nicht einfach selbst kreativ?

Dabei ist es unerheblich, ob Sie eine frühere Begeisterung für Malerei und Zeichnen wieder aufleben lassen oder Farben und Leinwand völlig neu entdecken. Sie glauben, Sie besäßen keinerlei Talent zum naturgetreuen Bild und fürchten, sogar Ihre Enkelkinder übertreffen Ihre künstlerischen Fähigkeiten? Kein Problem. Denn spätestens seit Jackson Pollocks *Action Paintings* in Tropftechnik gilt das Abstrakte heutzutage längst als vollwertige Kunstform. Für das Zaubern von beeindruckenden Farb- und Formkontrasten auf die Leinwand stehen Ihnen hierbei vielfältige Techniken zur Verfügung.

Die *Enkaustik* arbeitet mit wachsgebundenen Farben, die Sie erst auf den Malgrund aufstreuen und anschließend unter Wärmeeinwirkung verflüssigen. Dabei entstehen wolkige Strukturen mit einer faszinierenden Tiefenwirkung.

Momentan sehr angesagt ist auch das *Fluid Painting* mit Acrylfarben. Dabei mischen Sie die Farben mit einem Fließmedium und gießen sie auf die Leinwand. Bei diesem Prozess erscheinen auf dem Malgrund beeindruckende Muster aus psychedelischen Kreisen, Wellen und Blasen.

Um sich mit künstlerischen Techniken vertraut zu machen, können Sie natürlich einen klassischen Volkshochschulkurs besuchen. Besonders praktisch für Menschen, die spontan die „Muse küsst“, sind auch die zahlreichen Video-Tutorials, die auf YouTube zur Verfügung stehen. Das Schöne an Enkaustik, Fluid Painting und Co: Sie können bereits Ihre ersten Ergebnisse als echtes Kunstwerk in Szene setzen. Lassen Sie Ihr Bild trocknen und bewerten Sie das Resultat. Selbst wenn Ihnen einige Partien ungekonnt erscheinen, finden Sie sicher Bereiche, die interessant wirken. In diesem Fall beschneiden Sie das Werk einfach auf ein kleineres Format, das die spannenden Partien perfekt in Szene setzt. Eingerahmt in ein farblich passendes Passepartout und einen modernen Rahmen gibt Ihre Schöpfung wahrscheinlich schon ein veritables Kunstwerk ab. Und kann entweder Ihr eigenes Domizil schmücken oder einem lieben Menschen als Geschenk zugutekommen.

Falls Ihnen Kreativität mit Farbe liegt – denken Sie über die Mitgliedschaft in einem regionalen Kunstverein nach. Diese Gruppen verfügen über Räumlichkeiten, in denen sie regelmäßige Ausstellungen organisieren. Schließlich will, wer kreativ ist, nicht immer im stillen Kämmerlein schaffen, sondern sich an den Reaktionen der Betrachter erfreuen. Wenn Sie ambitioniert sind, können Sie durchaus auch selbst auf die Suche nach geeigneten Ausstellungsräumen gehen. Vielleicht kennen Sie kunstbegeisterte Ärzte oder Therapeuten, die gern ihre Wartezimmer mit wechselnden Bildern gestalten. Auch Gemeindezentren oder Verwaltungshäuser bieten zuweilen die Möglichkeit zur Ausstellung an. Lassen Sie hier Ihre Kontakte spielen und profilieren Sie sich ein wenig. Inklusive Ausstellungskatalog, Preisliste und Pressemitteilung. Nicht selten erlangen regionale Künstler erst im Ruhestand größere Bekanntheit, weil dann ihre Produktivität einen Höhepunkt erreicht.

88 Entdecken Sie Ihren Stil

Das Berufsleben bedeutet für viele Menschen, sich an modische Konventionen anpassen zu müssen. Sei es der Anzug als Uniform der Finanzbranche oder das seriös-adrette Erscheinungsbild einer Angestellten im Kundenverkehr. Was Sie in den vergangenen Dekaden morgens aus Schrank und Schublade zogen, war zu einem nicht unerheblichen Teil vom Image des Arbeitgebers bestimmt. Doch was kommt danach?

Abschreckende Modebeispiele für Ruheständler gibt es zahlreiche: Denken wir nur an die Karikatur des tagtäglich im Morgenmantel über den Hausflur schlurfenden Rentners oder an die typische „Seniorenuniform" aus Bundfaltenhose, Anorak und Schiebermütze – vorzugsweise in Grau und Beigetönen.

Die Generation 65+ von heute kann sich mit diesen Stereotypen kaum identifizieren. Sie will sich kleiden wie sie sich fühlt – und sie fühlt sich laut Umfrage-Ergebnisse mindestens 7,5 Jahre jünger als sie ist. Zum Stilwandel tragen auch Seniorenmodels wie die YouTuberin und Autorin Greta Silver bei, die selbstbewusst verkündet: *„Fürs Alter gibt es keinen Dresscode!"*

Wie könnte Ihr persönlicher Stil sich in den kommenden Jahren entwickeln? Haben Sie Lust auf modische Experimente, die Sie endlich von Anzug und Kostüm befreien? Vor kritischen Blicken brauchen Sie sich jetzt nicht mehr zu fürchten – immerhin geben Sie mit dem Renteneintritt auch jegliche Verpflichtung ab, Ihr Erscheinungsbild an ein Firmenimage anpassen zu müssen. Entdecken Sie neue Farben und Schnitte für Ihre persönliche Garderobe und meiden Sie gerade als Frau typische „Oma-Klischees". Das ungeschriebene Gesetz, laut dessen Frauen „eines gewissen Alters" Pastellfarben und Kurzhaarschnitte zu tragen haben, löst sich schließlich auch in der Werbung immer stärker zugunsten der individuellen Charaktere auf. Falls Sie sich nicht trauen, extravagante Kleidungsstücke direkt im Geschäft unter den kritischen Augen von 20-jährigen Verkäuferinnen anzuprobieren, nutzen Sie die Möglichkeiten des Online-Shoppings. Bestellen Sie alles, was Ihnen auf Anhieb gefällt, ohne darüber nachzudenken, ob es „angebracht" ist. Haben Sie beim Ausprobieren zuhause dann jedoch keine Scheu, sämtliche Fehlgriffe wieder retour zu senden. Experimente müssen in einer modischen Selbstfindungsphase eben erlaubt sein.

Für viele Damen, die berufsbedingt auf ihr Äußeres achten mussten, bietet der Renteneintritt zudem die Gelegenheit, für eine neue Haarfarbe. Denn: Gefärbtes Braun oder Blond zugunsten eines natürlichen Silbergraus herauswachsen zu lassen – davor schreckten im Berufsleben viele zurück, weil sich der Ansatz schlecht kaschieren lässt. Dennoch sind es viele Frauen Leid, ihre Kopfhaut alle 14 Tage chemischen Produkten auszusetzen und empfinden das Färben irgendwann auch als Mangel an Authentizität.

„Gray hair, don´t care"

– so halten es aktuell zahlreiche prominente Damen. Moderatorin Birgit Schrohwange, deren Markenzeichen für Dekaden der kastanienbraune Bob war, wechselte ihren Look jüngst zum silbergrauen Kurzhaarschnitt. Auch Katie Holmes, Königin Laetizia von Spanien und Herzogin Kate zeigen sich in der Öffentlichkeit selbstbewusst mit silbernen Strähnen. Charisma kennt eben keine Haarfarbe – davon können auch Sie sich jetzt im Spiegel überzeugen. Und falls Ihnen der silbergraue Granny-Look so gar nicht zusagt, geben Sie Ihrem Figaro einfach das OK zur nächsten mutigen Farbkreation.

89 Schreiben Sie ein Buch

„Irgendwann schreibe ich meine Memoiren"

– diesen Einfall haben viele Menschen, deren Berufsleben sich um spannende Transaktionen, internationale Berühmtheiten oder wissenschaftliches Neuland dreht. Manch anderer findet sein eigenes Leben dagegen eher wenig bemerkenswert, sondern ersinnt in seiner Freizeit eine Geschichte, die sich gut als Roman oder Krimi machen würde. Den Vorsatz, Ihre Story „irgendwann mal" niederzuschreiben, sollten Sie spätestens im Ruhestand realisieren.

Folgendes kommt Ihnen dabei entgegen: In den vergangenen Jahren hat sich der Buchmarkt durch die Möglichkeit des „Selfpublishing" radikal gewandelt. Wer aktuell ein Manuskript in seiner Schublade liegen hat, braucht es nicht mehr an Verlage senden, die es höchstwahrscheinlich nicht einmal mit einer Absage würdigen. Stattdessen steht jedem Wortkreativen die Möglichkeit offen, sein Werk einem großen Publikum zugänglich zu machen, ohne vorab große Investitionen für den Druck tätigen zu müssen.

Doch den Anfang bildet Ihre Geschichte. Sie zu Papier zu bringen erfordert einiges an Disziplin. Setzen Sie sich deshalb ein Ziel. Idealerweise können Sie Ihr Werk bereits an Ihrem nächsten Geburtstag oder zum nächsten Jahreswechsel in den Händen halten. Aus dem Schreiben machen Sie am besten eine sogenannte „Mini-Gewohnheit". Setzen Sie sich dazu ein Mindestmaß an Worten oder Seiten fest, die Sie täglich niederschreiben wollen. Wichtig dabei ist, sich die Hürde nicht zu hoch zu setzen. Nur so ist gewährleistet, dass Sie ihr Projekt kontinuierlich verfolgen. Falls Sie spontan die Lust überkommt und Sie weit mehr Text generieren, als Sie minimal mit sich vereinbart hatten – gut so! An anderen Tagen begrenzen die Ansprüche des Alltags Ihr Schaffen womöglich auf das Mindestmaß; doch insgesamt erzielen Sie große Fortschritte.

Richtig spannend kann es dann werden, wenn die Rohfassung Ihres Buchs steht. Jetzt sollten Sie die Arbeit einem professionellen Lektor übergeben. In Zeiten der digitalen Arbeitsorganisation finden Sie entsprechende Fachkräfte z.B. über den Verband der Freien Lektorinnen und Lektoren (VFLL). Auch um die visuelle Umsetzung Ihres Werks können Sie sich jetzt kümmern. Portale wie *www.designenlassen.de* vermitteln Ihnen Grafiker und Designer, die ein Buchcover nach Ihren Ideen umsetzen. Schließlich erklärt der „Selfpublisher-Papst" Matthias Matting in seinem Blog rund um das Selbstveröffentlichen (*www.selfpublisherbibel.de*), welche Anbieter und Portale es Autoren besonders leicht machen, ihr Publikum zu erreichen. Heutzutage muss niemand mehr ein Buch vorab drucken lassen, sondern lässt es nach dem Hochladen der druckfertigen Dateien im Print-on-Demand-Verfahren ausliefern. Hier wird das Buch in dem Moment gedruckt, in dem es ein Leser bestellt.

Doch selbst wenn sich das Eigenwerk nicht zum Bestseller mausert – es schwarz auf weiß mit professionell gestaltetem Cover in den Händen zu halten, bietet einem Hobby-Autor ein erhebendes Gefühl. Und dient als Trophäe für die Enkel, die nun stolz erzählen können, dass Oma oder Opa ein Buch geschrieben hat.

90 ein offenes Ohr

Geteiltes Leid ist bekanntlich halbes Leid – und viele Menschen teilen ihre Sorgen, indem sie darüber sprechen. Für alle Krisengeschüttelten, denen ein Ansprechpartner fehlt, existiert in Deutschland das Angebot der Telefonseelsorge. Hier arbeiten rund 8000 speziell geschulte Ehrenamtliche jeden Monat rund um die Uhr, um in seelischen Notsituationen Beistand zu leisten. Falls Sie schon immer ein Talent dazu hatten, Ihren Mitmenschen mit gutem Rat und sensiblem Zuhören durch Probleme hindurch zu helfen, dann können Sie diese Fähigkeit im Ruhestand als Mitarbeiter der Telefonseelsorge voll entfalten.

Als Voraussetzungen brauchen Sie ein offenes Herz für Menschen in Not, Lebenserfahrung und Empathie. Alles, was Sie darüber hinaus zur Tätigkeit des Telefonseelsorgers befähigt, lernen Sie in einer anderthalbjährigen Ausbildung. Sie beginnt mit einer Wochenendtagung und setzt sich in Terminen im 14-Tages-Rhythmus fort. Für die Auszubildenden fällt dabei lediglich eine Kostenpauschale von 100 Euro als Kursgebühr an. Im weiteren Verlauf des Programms hospitieren Sie zunächst bei Gesprächen von erfahrenen Telefonseelsorgern und starten nach Abschluss des Lehrganges selbst für mindestens 2 Jahre in den Telefondienst. In der Regel umfasst Ihr Dienstplan dann etwa 12 Stunden pro Monat und enthält einen Nachtdienst alle 6 bis 8 Wochen.

Damit die Mitarbeiter mit schwierigen Gesprächssituationen umgehen lernen und auch die Belastung für sie selbst nicht zu schwer wiegt, werden Telefonseelsorger in regelmäßigen Abständen von Supervisoren beraten und tauschen sich mit Kollegen aus. Sowohl dieses kontinuierliche Feedback-System als auch die umfangreiche und anspruchsvolle Ausbildung garantieren den Anrufern, dass sie stets kompetente Hilfe erhalten. Da sich allerdings nicht jeder Charakter uneingeschränkt zur Tätigkeit als Telefonseelsorger eignet, entscheidet der Verein nach einem persönlichen Kontakt, ob er Sie bei Interesse zur Ausbildung einlädt. Wo die Anlaufstellen der Telefonseelsorge in Ihrer Region sind, erfahren Sie unter *www.telefonseelsorge.de.*

Dass ein Engagement bei der Telefonseelsorge vielen Neu-Rentnern nach dem Arbeitsleben eine Perspektive bietet, liest sich am Altersprofil der Ehrenamtlichen ab. Hier liegt der größte Teil zwischen 60 und 69 Jahren. Genauer gesagt: Bei den Frauen macht diese Altersgruppe über 30 Prozent der Mitarbeiterinnen aus, bei den Männern sogar fast 40 Prozent.

Wer erst einmal im Telefondienst dabei ist, der bleibt oft auch: Etwa 10 Prozent der Ehrenamtlichen üben die Tätigkeit als Telefonseelsorger bereits über 20 Jahre aus. Der größte Teil von ihnen ist zwischen fünf und zehn Jahren dabei. Ein Viertel der Mitarbeiter arbeitet freiwillig wesentlich mehr als die regulären 12 Stunden im Monat – etwa 20 bis 29 Stunden.

Was treibt die Ehrenamtlichen an? Die meisten von ihnen verraten, durch die Tätigkeit wertvolle Erfahrungen mit Menschen sammeln zu können. Auch das Gefühl, etwas Neues zu lernen und Verantwortung zu übernehmen, motiviert sie stark. Konsequenterweise bezeichnen die ehrenamtlichen Helfer „Familie und Freunde“ sowie „das Entfalten ihres eigenen Potenzials“ als ihre prägendsten Werte.

Können auch Sie sich vorstellen, Ihr Talent in der Unterstützung von Menschen in seelischen Krisen zu entfalten? Dann wenden Sie sich an die nahegelegene Niederlassung der Telefonseelsorge, um nähere Informationen zu erhalten.

91 die neue Knips-Wut

„Wer sehen kann, kann auch fotografieren. Sehen lernen kann allerdings dauern."

– erklärt ein Leica-Slogan. Das „Dauern" dürfte für Sie kein Problem darstellen – immerhin können Sie sich im Ruhestand ruhig Zeit für Ihre neuen Interessen nehmen. Vielleicht ist das Interesse an der Fotografie für Sie auch gar nicht mehr so neu, weil Sie zur Generation gehören, die noch ihre Bilder in der eigenen Dunkelkammer entwickelte.

Obgleich diese handwerkliche Weise der Fotoherstellung immer noch ihren Reiz besitzt, lohnt es sich, die Möglichkeiten der Digitalfotografie kennenzulernen. Heutzutage hat immerhin jedes Smartphone eine Kamera, die in punkto Auflösung ebenso leistungsfähig ist, wie die Profi-Geräte der Analog-Ära – wenn nicht noch mehr. Doch allein eine hohe Auflösung macht noch keine beeindruckenden Bilder. Wie Sie die technischen Möglichkeiten Ihres Smartphones oder Ihrer Digitalkamera gekonnt einsetzen, lernen Sie am besten in einem der vielen Fotografie-Kurse an Volkshochschule oder Universität.

Hier geht es darum, den besten Aufnahmemodus, die richtige Verschlussdauer der Blende und die effektvollste Beleuchtung zu wählen. Auch das „Sehen" will natürlich gelernt sein. Wenn Sie fotografieren, bilden Sie nicht einfach Menschen, Natur und Gegenstände ab, sondern erschaffen eine Szenerie – ähnlich einem bewusst angelegten Gemälde. Hier liegt der Fokus auf der Komposition der einzelnen Bildelemente.

Doch selbst wenn das Resultat beim „Knipsen" nur durchschnittlich gut wirkt, können Sie mit den Möglichkeiten der technischen Nachbearbeitung noch ein kleines Kunstwerk erschaffen. Erhöhen Sie die Kontraste, setzen Sie Farbfilter ein oder beschneiden Sie das Bild ganz simpel auf seine interessanteste Partie. Auch diese Fertigkeiten vermitteln gute Fotokurse.

Besonders schön ist es dann, wenn ein Kurs mit einer Ausstellung endet, in der die Teilnehmer Ihre eindrucksvollsten Werke präsentieren. Gerade die Digitaltechnik von heute ermöglicht es Ihnen, die besten Motive auf verschiedene Trägermaterialien zu drucken und gleichzeitig auf repräsentative Maße zu vergrößern. Die eigenen Motive auf Keilrahmen, Aluminiumplatten oder Glas avancieren dann zu Dekorationsobjekten für die eigene Wohnung oder schöne Geschenke für Freunde und Familie.

Insgesamt laden die Möglichkeiten der Digitalfotografie jeden Hobby-Fotografen zum Experimentieren ein: Über einen „vollen Film" brauchen Sie sich keinen Kopf mehr machen und die Motive müssen Sie nicht sorgsam auswählen, weil die aktuellen Speichermedien Tausende von Bildern fassen. Im Anschluss an eine „Foto-Safari" muss Ihre Geduld lediglich dazu ausreichen, Ihre Bilder durchzuschauen und die Perlen herauszufiltern.

Und selbst wenn Ihnen zu Beginn so gar keines richtig gefallen mag, dann halten Sie sich an die Einschätzung von Star-Fotograf Helmut Newton, der meinte:

„Die ersten 10.000 Bilder sind immer die schlechtesten."

92 Laufen Sie los!

Marathon im Ruhestand? Klingt ein bisschen verrückt – ist aber menschenmöglich. Das bewies die Amerikanerin Harriette Thompson im Jahr 2015 beim Berlin Marathon besonders eindrucksvoll. Im Alter von 92 Jahren beendete sie als weltweit älteste Marathon-Läuferin die Strecke nach 7 Stunden und 24 Minuten. Noch imponierender erscheint diese Leistung, wenn man erfährt, dass Thompson bereits eine Krebserkrankung überwunden hatte und lief, um anderen Patienten Mut zu machen. Die ehemalige Konzertpianistin konnte dabei keineswegs von lebenslangem Training zehren: Ihre Laufkarriere begann Thompson erst im Alter von 76 Jahren.

Wir wollen hier nicht jedem Neu-Rentner empfehlen, den Marathon anzustreben, doch lassen Sie sich gesagt sein: Wenn Sie im Ganzen relativ gesund sind, können Sie auch im Alter von 65+ noch mit dem Laufen beginnen.

Die einzige Bedingung vorab: Lassen Sie sich von Ihrem Hausarzt durchchecken, um zu überprüfen, ob Ihr Herz-Kreislaufsystem der Belastung gewachsen ist. Zusätzlich sollten Sie kein starkes Übergewicht und keine Beschwerden in den Knien oder der Hüfte mitbringen. Um Verletzungen vorzubeugen, sind auch die optimal sitzenden Laufschuhe unerlässlich. Die können Sie sich im Fachgeschäft auf einem Laufband mit Videokamera anpassen lassen. In der Aufnahme sieht der Fachmann exakt, ob Sie stärker auf den Außen- oder Innenseite Ihrer Füße abrollen oder ein Neutral-Läufer sind. Je nach Fußstellung benötigen Sie einen Schuh, dessen Material außen oder innen besonders verstärkt ist.

Um sich in punkto Kondition nicht zu überlasten, sollten Sie sich einen Pulsgurt mit entsprechender Uhr zulegen. Auf diese

Weise überwachen Sie Ihre Herzfrequenz beim Laufen – denn bei vorheriger Einstellung alarmiert Sie die Uhr, wenn Sie eine Zone der moderaten Anstrengung verlassen. Die optimale Herzfrequenz für Anfänger ermitteln Sie vorab nach der folgenden Formel: (220 minus Lebensalter) mal 70 Prozent. Ein 65-jähriger Mann sollte hier eine Pulsfrequenz von 110 bis 120 nicht wesentlich überschreiten.

Aufwärmen brauchen Sie sich vor dem Laufen nicht, im Gegenteil: Absolvieren Sie Dehnübungen lieber erst nach Ihrer Runde, denn dann sind Ihre Muskeln warm und der Körper geschmeidiger.

Falls Sie noch nie gelaufen sind, empfiehlt sich die folgende Herangehensweise: Wechseln Sie 2-minütige Laufeinheiten mit 2-minütigen Geh-Phasen ab. Wenn Sie auf diese Weise Ihre Runde gut durchhalten, können Sie die Laufperioden sukzessive ausdehnen und die Geh-Phasen verkürzen, bis Sie in der Lage sind, die Strecke durchzulaufen. Wählen Sie beim Laufen zu Beginn das Tempo so langsam wie irgend möglich.

Wenn Sie diese Hinweise beherzigen, profitieren Sie maximal von den positiven Wirkungen des Laufens. Es hilft, den altersbedingten Muskelabbau zu bremsen und stärkt die Funktion des Herz-Kreislauf-Systems. Eine Zwillingsstudie zeigte außerdem: Eineiige Zwillinge, die dreimal in der Woche 30 Minuten lang joggten, hatten ein etwa 9 Jahre geringeres biologisches Alter als ihre nicht laufenden Zwillingsgeschwister.

93 Ein neuer Job für den Hund?

Zählen Sie bereits zu den begeisterten Hundehaltern? Vielleicht müssen Sie dann eingestehen, dass Ihr Vierbeiner während Ihres Arbeitslebens zwar ausreichend Auslauf hatte, weil Familienmitglieder oder Lebenspartner mithalfen, aber er nie besonders abwechslungsreich beschäftigt wurde. Doch Bello kann sich freuen: Denn jetzt, da Sie im Ruhestand sind, haben Sie die Zeit und Energie, Ihrem Hund einen „Job" zu suchen.

Je nach Alter, Fitnesszustand und Rasse Ihres Vierbeiners können Sie beide dann gemeinsam aktiv werden – Varianten existieren viele. Zum Beispiel „Agility". Hier führt der Hundehalter seinen Partner mit der kalten Schnauze wie an einer unsichtbaren Leine durch den Parcours. Der Hund überwindet dabei Hürden, Tunnel und Wippen und läuft im Slalom um Kegel und Pfosten herum. Sieger ist am Schluss, wer die Strecke mit den wenigsten Fehlern in der kürzesten Zeit bewältigt hat.

Natürlich treten hier nicht Doggen direkt gegen Chihuahuas an – die Höhe der Hindernisse wird in 3 Größenordnungen an die Rasse angepasst. Ansonsten ist die richtige Rasse nicht unbedingt eine Zugangsvoraussetzung für den Sport. Naturgemäß lieben bewegungsfreudige Hunde wie Border Collies oder Australian Shepherds das Agility-Training, aber auch die kleinen Malteser und Papillons sind klug und ambitioniert, wenn es ums Parcourslaufen geht. Falls Sie einen Mops halten, brauchen Sie vielleicht mehr Geduld beim Üben – dennoch kann der Hundesport auch für behäbige Rassen und Ihre Halter eine anregende Freizeitbeschäftigung bieten, wenn man keine Medaille erringen will. Welpen und Riesenrassen sollten kein Agility betreiben, um ihre Gelenke nicht überzubelasten.

Gehört Ihr Hund zu den weniger verspielten aber zielbewussten Charakteren? Dann bietet sich die Fährtenarbeit an. Sie sieht für Unbeteiligte unter Umständen so aus wie ein gemächlicher Spaziergang über die Felder – ist in Wahrheit jedoch ein spannender Sport mit praktischem Nutzen. Immerhin suchen ausgebildete Rettungshunde auf der ganzen Welt nach verschwundenen Personen und nach Verletzten bei Katastrophen. Bei der Fährtenarbeit im Verein suchen die Hunde eher nach versteckten Futterbeuteln oder Gegenständen und orientieren sich dabei an den sogenannten Bodenverletzungen und Bodenverdichtungen, die der Fährtenleger hinterlässt. Anfänger bewältigen dabei Strecken von 300 Schritten, Profis bis zu 1800 Schritt. Wer Geländewechsel, Straßenüberquerungen und das Aufspüren von bis zu sieben Gegenständen meistert, kann mit seinem Vierbeiner eine Fährtenhundprüfung ablegen.

Eine andere Variante des Fährtensuchens ist das sogenannte „Mantrailing“, bei dem der Hund anhand eines Kleidungsstücks oder einer anderen Geruchsprobe die individuelle Geruchsspur einer Person verfolgt.

Falls Ihr Hund viel Talent und Sie selbst hohe Ambitionen haben, können Sie mit Ihm sogar einer Rettungshundestaffel beitreten. Für die aktive Arbeit als Rettungshundeführer müssen allerdings auch Sie über eine gute Fitness verfügen, da die Einsätze häufig stundenlanges Marschieren durch unwegsames Gelände beinhalten.

94 Auf die Plätze. Fertig? Go!

Sie spielen gern Schach aber sind auch auf der Suche nach neuen strategischen Herausforderungen? Dann wenden Sie sich doch einmal dem ältesten Brettspiel der Welt zu. Go stammt aus dem antiken China und findet erst seit etwa 100 Jahren Anklang außerhalb Asiens. Weltweit spielen aktuell 60 Millionen Menschen das über 4000 Jahre alte Spiel – Deutschland liegt dabei auf Platz 1 der westeuropäischen Länder. Es ist also keine Überraschung, dass die Go Weltmeisterschaft 2019 in Trier stattfand.

Doch selbst das Flair der antiken Metropole, der ältesten Stadt Deutschlands, kann nicht mithalten mit der Go-Tradition. Als die berühmte Porta Nigra in Trier errichtet wurde, spielten die Chinesen bereits seit Jahrhunderten das Strategiespiel mit den weißen und schwarzen linsenförmigen Steinen.

Wie funktioniert Go eigentlich? Das Spielfeld ist ein simples Quadrat mit einem Gitternetz aus 19 waagerechten und 19 senkrechten Linien. Jeder Spieler verfügt über 180 Steine in weiß oder schwarz. Abwechselnd setzen die Spieler je einen Stein auf die Schnittpunkte der Linien. Ziel ist es dabei, Gebieten mit einer Linie der eigenen Farbe abzugrenzen. Dabei können freie Bereiche des Spielfelds umgrenzt werden, ebenso wie gegnerische Steine „gefangen genommen" werden können. Die Fläche der umgrenzten Gebiete wird am Schluss der Partie ausgezählt – wobei es zum Sieg genügt, nur einen einzigen Punkt mehr als der Gegner zu erreichen. Damit verrät sich auch die Philosophie des Spiels. Die Spieler agieren wie zwei Bauern, die ein Stück Land unter sich aufteilen – jeder will sich nur ein bisschen schlauer anstellen als der andere. *„Kämpfen ist nicht der Schlüssel zum Go, es dient allein als letzter Ausweg."* (Zhong-Pu Liu, 1078 v. Chr.)

Das Brettspiel fasziniert, weil es nur über wenige, leicht erlernbare Regeln verfügt. Doch im Gegensatz zu Schach, bei dem die einzelnen Figurentypen unterschiedliche Schritte ausführen müssen, bewegt sich beim Go jeder Stein gleich – und zwar von einer Schale auf das Spielfeld. Diese Einfachheit ermöglicht beim Go unzählig variable Spielverläufe, sodass kein Go-Spieler in seinem Leben zweimal die gleiche Partie spielt. Die Zahl der möglichen Züge übersteigt laut Fachleuten sogar die Anzahl der Atome im Universum. Aus diesem Grund haben auch Computer erst im Laufe der letzten wenigen Jahre das Go-Spielen erlernt, nachdem sie Schach bereits seit Dekaden beherrschen.

Während es in Japan und Korea unzählige Go-Schulen, -Clubs und regelmäßige Turniere gibt, steckt die Szene in Europa noch in den Kinderschuhen. Als Traditionsverein existiert immerhin der Deutsche Go-Bund seit über 50 Jahren (*http://www.dgob.de/*). Er zergliedert sich in die jeweiligen Landesverbände, auf deren Internetseite Sie wiederum ersehen können, in welchen Orten Ihrer Umgebung regelmäßig Go-Spieleabende stattfinden.

95 Gesichter wie das Leben zeichnen

Schauen Sie manchmal müde in den Spiegel und ärgern sich im Stillen über die Linien aus Lebenserfahrung und Zeit, die sich an Augen- und Mundwinkeln eingegraben haben? Versuchen Sie, das Positive darin zu entdecken. Schon Schauspieler Humphrey Bogart meinte schließlich:

„Was ich habe ist Charakter in meinem Gesicht. Es hat mich eine Menge langer Nächte und Drinks gekostet, das hinzukriegen."

Die einzigartigen Schattierungen und Proportionen eines Gesichts sind genau das, an dem uns alle Welt erkennt. Haben Sie sich schon einmal damit beschäftigt, sie darzustellen? Zugegeben: Ein lebensechtes Porträt von jemandem zu zeichnen, ist gar nicht so einfach. Wesentlich simpler ist das Bestreben, die charakteristischen Züge einer Person in einer Karikatur darzustellen.

Wie das geht? Folgen sie dabei einfach diesen Schritten: Als erstes brauchen Sie ein Foto der Person, die Sie zeichnerisch darstellen wollen. Als Test kann dafür auch das Bild eines Prominenten herhalten. Zum Vergleich brauchen Sie die Abbildung eines computergenerierten Durchschnittsgesichts. Das finden Sie, indem Sie die Wörter „Durchschnittsgesicht Deutschland" in die Google-Bildersuche eingeben und sich das passende Männer- oder Frauengesicht ausdrucken.

Jetzt legen Sie beide Bilder nebeneinander auf einen Tisch und vergleichen sie: Welche Gesamt-Gesichtsform hat Ihr Prominenter im Vergleich zum Durchschnittsgesicht? Eher rundlich, schmal oder mit eckigen Kieferknochen? Markieren Sie, was Ihnen auffällt.

Anschließend wenden Sie sich der proportionalen Verteilung der Gesichtsmerkmale zu. Hat Ihr Anschauungsobjekt einen engeren oder weiteren Abstand der Augen als das Durchschnittsgesicht? Eine höhere oder niedrigere Stirn? Wird eine hohe Stirn gebildet, weil der Haaransatz zurückweicht oder weil die Augenlinie tiefer im Gesicht sitzt? Wie sieht es mit der Nase aus? Ist sie länger, kürzer, breiter oder schmaler als der Durchschnitt? Ist der Abstand zwischen Augen und Mund kürzer oder länger als beim durchschnittlichen Vergleichsobjekt? Hat der Mund mehr Breite oder ist er schmaler – sowohl in der Vertikalen als auch in der Horizontalen?

Je häufiger Sie Gesichter mit einem vermeintlichen Durchschnitt vergleichen, desto schneller erkennen Sie, welche charakteristischen „Abweichungen" dabei am stärksten für den individuellen Gesichtsausdruck verantwortlich sind. Als Karikaturist müssen Sie dann beim Zeichnen die ausgemachten Differenzen zum Durchschnitt lediglich ein bisschen übertreiben: Eine hohe Stirn wird noch etwas höher – ein kurzer Abstand von Augen und Mund noch etwas kürzer. Schließlich – wenn Sie die Proportionen grob festgelegt haben – statten Sie das Gesicht mit Augen, Mund und Nase in ihrer charakteristischen Form aus. Hat der Mensch, den Sie porträtieren, aufgeworfene Lippen, geschwungene Nasenflügel, ein Grübchen am Kinn? Auch diese Merkmale erzeugen Porträtähnlichkeit.

Wenn Sie beim Porträt von Prominenten so weit sind, dass ein neutraler Betrachter die Person erkennt, versuchen Sie sich an Porträts Ihrer Familienmitglieder. Und falls sich jemand gar nicht gut getroffen fühlt, zitieren Sie schlagfertig den großen surrealistischen Maler Salvador Dali, der überzeugt war:

„Ein Modell sollte sich bemühen, seinem Porträt ähnlich zu sehen."

96 Verstehen Sie Spanisch?

„Mit jeder neu gelernten Sprache erwirbst du eine neue Seele",

lautet ein tschechisches Sprichwort. Im Ruhestand bietet sich Ihnen jetzt die Gelegenheit, durch das Lernen einer Fremdsprache nicht nur Ihr Seelenleben zu bereichern, sondern auch ganz praktische Fähigkeiten zu erwerben, mit denen Sie sich an einem Urlaubsziel besser verständigen können. Aber – lässt sich eine fremde Sprache im Alter überhaupt noch lernen oder funktioniert das akzentfreie Sprechen nur in jüngeren Jahren?

Momentan beschäftigen sich mehrere Forschungsgruppen mit dem Spracherwerb im Alter. Die Ergebnisse benennen dabei verschiedene Faktoren, die es älteren Sprachschülern erleichtern oder erschweren können, noch einmal eine Fremdsprache zu lernen. Leichter fällt es beispielsweise Menschen, die es zeitlebens gewohnt waren, sich neue Inhalte, auch Sprachen, zu erarbeiten.

So lernte die weltweit erste Konferenzdolmetscherin Kato Lomb in ihrer 93-jährigen Lebenszeit, 17 Sprachen fließend zu sprechen – die meisten davon erst in ihrer zweiten Lebenshälfte. Wer es hingegen nicht gewohnt ist, zu lernen, der wird schon im Alter zwischen 20 und 30 immense Schwierigkeiten mit dem Spracherwerb haben. Bei Älteren kommt vergünstigend hinzu, dass sie über einen Wissens- und Erfahrungsfundus verfügen, mit dem sie die neu erworbenen Kenntnisse komplex vernetzen können.

Wie jemand lernt ist dabei biografisch geprägt: Systematische Lerntypen, die sich an grammatikalischen Strukturen orientieren, haben mit kommunikativen Lehrmethoden meist zu Beginn Schwierigkeiten und umgekehrt.

Ein physiologisches Hindernis tut sich dann doch bei manchen Ruheständlern auf: das nachlassende Gehör. Jeder fünfte Deutsche zwischen 65 und 74 leidet unter der sogenannten Altersschwerhörigkeit. Die Ursache liegt im Verschleiß der Haarzellen im Ohr und die Folgen beziehen sich nicht allein auf das Überhören von relativ leisen und hochfrequenten Geräuschen. Dass die Betroffenen auch Schwierigkeiten haben, Sprache und Hintergrundgeräusche voneinander zu trennen, hindert sie am akzentfreien Lernen einer Fremdsprache. Dafür braucht es nämlich in erster Linie ein feines Gehör. Falls Sie den Verdacht haben, dass mit Ihrem Hörvermögen nicht alles in Ordnung ist, sollten Sie sich über die Möglichkeit einer Hörhilfe erkundigen. Dieser Schritt erleichtert Ihnen das Sprachenlernen unter Umständen erheblich.

Die andere physiologische Grenze, an die viele ältere Sprachschüler glauben, zu stoßen, ist das Gedächtnis. Wenn ich doch täglich meinen Schlüssel verlege, wie soll ich mir da die Vokabeln merken? Die Antwort lautet: Training. Gerade das Sprachenlernen erweist sich nämlich als eine der effektivsten Methoden, um der Erinnerungs-Region des Gehirns, dem Hippocampus, eine Frischzellenkur zu verpassen. Dieser kleine Hirnteil baut zwar im Alter Masse ab, nimmt sie jedoch in demselben Maße wieder zu, in dem man ihn fordert. Das wiesen Forscher unter anderem an Londoner Taxifahrern nach, die sich unzählige Straßen und ihre Vernetzung merken mussten, als es noch keine Navigationsgeräte gab. Diejenigen, die am längsten dabei waren, hatten den größten Hippocampus – ganz vom Alter unabhängig.

Also, wenn Sie nicht unbedingt eine Zweitkarriere als Taxifahrer starten wollen, lernen Sie eine Sprache mit dem Ziel, in das entsprechende Land zu reisen und sich dort gut zu unterhalten. Das bereichert gleichermaßen Ihren Erlebnishorizont und trainiert Ihre grauen Zellen.

97 Origami - das können Sie knicken!

Und zwar im positiven Sinne, um aus einem rechteckigen Bogen Papier dreidimensionale Tiere, Blumen und geometrische Formen zu falten. Die Kunst des Origami ist mit über 2000 Jahren sogar älter als die Erfindung des Papiers selbst – damals wurden in China Stoffe und andere Materialien in höchster Kunstform gefaltet. Die Fülle der heute bekannten Formen entwickelte allerdings erst der Japaner Akira Yoshizawa (1911-2005). Er erdachte auch ein einfaches System, in dem die Faltpläne durch systematische Diagramme weitergegeben werden konnten. Alle modernen Neuentwicklungen des Origami werden heutzutage im „Yoshiza-Randlett"-System notiert.

Das ermöglicht Origami-Fans auf der ganzen Welt, ihre individuellen Kreationen zu dokumentieren und untereinander zu teilen. Und die werden mit der Zeit immer anspruchsvoller. Zum Beispiel während der historischen Origami-Periode der *Bug Wars*, als in den 1990er Jahren der amerikanische Physiker Robert Lang und seine Mitstreiter immer komplexere Origamimodelle von Insekten und Spinnentieren entwickelten. In dieser Zeit begannen die Profis auch verstärkt, Computerprogramme zur Planung der Faltfiguren einzusetzen. Heute existiert Software, die eigens dazu entwickelt wurde, Bilder von Objekten in Segmentteile zu transferieren und dafür Faltpläne zu entwickeln. In der Theorie ließe sich so von jedem Gegenstand der Welt auch eine Origamiversion herstellen.

Und tatsächlich inspiriert die Kunst des Papierfaltens die Wissenschaft zu Neuentwicklungen. Zum Beispiel die NASA, die ein Sonnensegel mit 25 Metern Durchmesser zusammenfalten musste, damit es in die kleine Kapsel der Transportrakete passt. Und anschließend im All wieder unfallfrei entfaltbar ist. An Origami-Gesetze lehnen sich auch Arterien-Stents und

Kunstlinsen an, die komprimiert in Gefäße oder Augen eingebracht werden, um sich vor Ort zu entfalten. Noch komplexer sind da nur die Vorbilder in der Natur: Blüten, die sich aus einer winzigen Knospe in eine komplexe Geometrie der Schönheit auffächern. Oder das menschliche Erbgut, das in aufgewickelten Strängen vorliegt, deren Funktion von der richtigen Faltung abhängt und davon, ob es sich wieder schadlos ent-wickeln lässt.

Doch zurück zum einfachen Bogen Papier. Wie Sie aus ihm den traditionellen Kranich oder eine andere Origami-Form erschaffen, erfahren Sie in Origami-Büchern oder Online-Anleitungen. Für Menschen, die einen regen Austausch mögen, bietet sich eine Mitgliedschaft im Verein Origami Deutschland an. Seine Zeitschrift „Der Falter" erscheint dreimal im Jahr und neben dem jährlichen Faltertreffen mit internationaler Beteiligung besteht auch die Möglichkeit, an regionalen regelmäßigen Treffen teilzunehmen. Wenn Sie das Faltfieber gepackt hat, dann tun Sie gleichzeitig etwas für Ihre Feinmotorik und Koordination – das schult die geistigen Fähigkeiten und beugt Demenzerkrankungen vor.

Und das Durchhaltevermögen könnte sich in der Disziplin des Papierfaltens noch auf eine höhere Weise auszahlen: Der japanischen Legende nach erfüllen die Götter nämlich demjenigen einen Wunsch, der in seinem Leben 1000 Origami-Kraniche gefaltet hat.

98 Cremige Eigen-Kreationen

„Kosmetik ist die Lehre vom Kosmos des Weibes",

frotzelte der österreichische Satiriker Karl Kraus – und hat damit heutzutage gar nicht mehr so Recht. Denn auch Männer legen Wert auf die kosmetische Pflege von Haut und Haar. Wer das Rentenalter erreicht, hat sicherlich schon die eine oder andere Feuchtigkeitscreme ausprobiert, denn mit zunehmendem Alter wird die Epidermis naturgemäß trockener. Doch mit einem Blick auf die Zutatenliste der Cremes und Lotionen kann dem Anwender schon ein bisschen mulmig werden: Dort stehen Konservierungsstoffe, Farbstoffe, künstliche Duftstoffe und Chemikalien, deren Funktion man auf den ersten Blick nicht erkennt. Falls auch Sie sich um ungesunde Inhaltsstoffe in Kosmetikprodukten sorgen - warum rühren Sie nicht einfach eine reichhaltige Körpercreme selbst an, bei der Sie genau wissen was drin ist?

So schwierig ist es nämlich gar nicht, Kosmetik selbst herzustellen – das machte bereits Jean Pütz in den 1980er Jahren in seiner Hobbythek vor. Aktuell erlebt das Cremerühren mit der Do-It-Yourself-Welle ein veritables Revival. Das Schöne daran: Sie können die Grundsubstanzen Ihrer Haut- und Körpercreme ganz nach Ihren persönlichen Bedürfnissen auswählen:

Nachtkerzenöl wirkt zum Beispiel entzündungshemmend, Jojobaöl pflegt unreine Haut, Traubenkernöl hat eine Anti-Aging-Wirkung und Sheabutter spendet Feuchtigkeit – jedes Pflanzenfett erweist sich in irgendeinem Punkt als besonders geeignet. Zusätzlich können Sie der selbstgemachten Creme durch ätherische Öle weitere therapeutische Effekte verleihen: Lavendelöl etwa beruhigt und fördert den Schlaf, Rosenöl lindert depressive Verstimmungen, Teebaumöl hilft bei unreiner Haut und Rosmarinöl regt die Durchblutung an.

Da eine Creme nichts anderes ist, als eine Emulsion von Fett und Wasser, rühren Sie sie mithilfe eines Wasserbades in der eigenen Küche beinahe so unkompliziert an wie Mayonnaise.

Füllen Sie dazu 40 ml vom gewählten Öl in ein Becherglas und 40 ml destilliertes Wasser in ein anderes. Der Ölphase mischen Sie zusätzlich 5 Gramm des pflanzlichen Emulgators Emulsan bei. Jetzt erwärmen Sie beide Cremephasen auf etwa 40 Grad. Zum Mixen brauchen Sie nun einen elektrischen Schneebesen oder einen Rührstab. Geben Sie das Wasser unter Rühren tropfenweise zur Ölphase hinzu, bis die Masse eine cremige Konsistenz erreicht. Am Schluss aromatisieren Sie die Mischung mit dem gewünschten ätherischen Öl und füllen sie in einen Tiegel ab. Falls Sie noch einige Tropfen Vitamin E hinzufügen, wird die Creme auf natürliche Weise konserviert. Trotzdem sollten Sie sie im Kühlschrank aufbewahren und stets mit einem sauberen Spatel entnehmen.

Ist Ihr Interesse geweckt? Über einfache Cremes hinaus können Sie mit den richtigen Zutaten auch Körperbutter, Massageöl, Gele und Seifen herstellen. Auch Badezusätze in Form von sich auflösenden „Pralinen“ sind möglich. Peppen Sie diese noch mit getrockneten Blüten und Lebensmittelfarben auf, entstehen wunderschöne kleine Geschenke für den (weiblichen) Freundeskreis. Die exakten Rezepturen finden Sie in den zahlreichen Büchern zu selbstgemachter Kosmetik aber auch in Online-Themenblogs wie *www.schwatzkatz.com.*

99 If I had a hammer …

Der Flur müsste neu tapeziert werden, das Waschbecken gewechselt und, gab es da nicht die Idee, im Dachboden einen Raum für das Hobby auszubauen? – Doch bevor sie einen Handwerker rufen, machen sich viele Ruheständler lieber selbst an die Arbeit. Das ist günstiger und bietet eine Beschäftigung, die den Arbeitenden mit einem sichtbaren Resultat belohnt.

Beim Heimwerken ist die Generation der Baby Boomer außerdem weit geübter als ihre Kinder, die sich vornehmlich auf die Fertigkeiten der Digitalwelt konzentriert haben. Dr. Susanne Woelk, Geschäftsführerin der Aktion „Das sichere Haus" erklärt, dass Experten bereits seit geraumer Zeit einen *„Rückgang der Kompetenz im Heimwerken und Handwerken"* in der Bevölkerung beobachten. Das Gros der jüngeren Generation erledige die berufliche Arbeit vor allem am PC und werde handwerklich kaum noch gefordert. Da gehöre das Wissen und die Fertigkeit, eine Fußbodenleiste auf Gehrung zu schneiden, ein Zimmer zu tapezieren oder auch nur eine Lampe anzuschließen nicht mehr zum Standardrepertoire.

„Deshalb werden Rentner gern und häufig gerufen, wenn im Haus der Kinder, Enkel oder Neffen eine Reparatur beziehungsweise Renovierung ansteht", erklärt Woelk. Viele Neu-Ruheständler wiederum freuen sich, jüngere Familienmitglieder praktisch unterstützen zu können und mit Expertenwissen zu glänzen.

Doch auch, wenn Sie sich bislang nicht so intensiv mit dem Thema Heimwerken auseinandergesetzt haben, sind die Möglichkeiten des Einstieges vielfältig: Während viele Baumärkte Wochend-Workshops zum Umgang mit Säge, Bohrmaschine und Co anbieten, gibt es auch auf YouTube eine Vielzahl an Video-Tutorials zu Heimwerkerthemen.

Ganz gleich, ob Einsteiger oder Heimwerker-Profi – das Thema Sicherheit sollte bei Ihrem häuslichen Engagement stets im Fokus liegen. Denn jeder fünfte der insgesamt 300.000 Heimwerkerunfälle, und damit überproportional viele, gehen auf das Konto der 55-bis 64-jährigen. Nicht dass den Älteren hier Ungeschicktheit vorgeworfen wird – die Jüngeren verletzen sich seltener, weil sie eben auch nicht so oft selbst zupacken.

Als Hauptursachen für die Unfälle gelten Eile, Unaufmerksamkeit und der unsachgemäße Einsatz von Werkzeugen. Kreissägen und Bohrmaschinen verursachen dabei die meisten Unglücksfälle. Stürze von Leitern, Treppen und Dächern rangieren auf Platz 2 der Unfallursachen.

Falls Sie demnächst also planen, häufiger handwerklich tätig zu sein, setzen Sie sich dabei nicht unter Stress. Sorgen Sie dafür, dass Sie die nötigen Schutzmaßnahmen ergreifen und eine Brille tragen, die eventuelle Fehlsichtigkeiten optimal ausgleicht. Und – scheuen Sie sich nicht davor, den Umgang mit einem Gerät vom Fachmann zu lernen. Prüfen Sie außerdem alte Geräte kritisch. Auch wenn sie noch gut in der Hand liegt – eine Bohrmaschine, deren brüchige Kabel schon zigfach mit Klebeband umwickelt wurden, sollten Sie bei Gelegenheit austauschen. Neue Geräte erzeugen dann, nach der entsprechenden Einweisung, wahrscheinlich auch mehr Motivation für Ihre kommenden Werk-Projekte im Ruhestand.

100 Finden Sie den roten Faden

Mit dem Eintritt in den Ruhestand zweifeln gerade ehemalige Workaholics plötzlich am Sinn ihres Lebens. Das ist fatal, denn einen Sinn im Leben zu sehen, ist ein essenzieller Faktor für die psychische Gesundheit. Wer belastenden Situationen ausgesetzt ist – und der Eintritt in den Ruhestand zählt zweifelsohne dazu – der bleibt nur gesund, wenn er Kohärenz empfindet. Das betonte bereits der Medizin-Soziologe Aaron Antonovsky in den 1980er Jahren in seinem Modell der *Salutogenese*, der „Entstehung von Gesundheit".

Doch was ist „Kohärenz"? Laut Antonowsky versteht man darunter drei Einzelgefühle:

1. Das Gefühl der Verstehbarkeit – *„Ich kann die Zusammenhänge meines Lebens verstehen"*

2. Das Gefühl der Handhabbarkeit – *„Ich kann mein eigenes Leben gestalten"*

3. Den Glauben an einen tieferen Sinn im Leben – *„Das alles passiert mir nicht umsonst"*

Im Bezug auf Neu-Rentner bedeutet das: Selbst wenn Sie noch keine Idee haben, wie Sie Ihren Alltag ab jetzt *gestalten* sollen, tut es gut, den roten Faden in Ihrem Leben zu entdecken und seinen Verlauf zu *verstehen*. Erfahrungsgemäß ist das nämlich gar nicht so einfach. Menschen, die sich akut in einer Sinnkrise befinden, sträuben sich erst einmal gegen den Versuch des Verstehens. Zuerst reagieren sie mit Verneinung (*„Das darf jetzt nicht passieren!"*) oder mit Unverständnis (*„Warum passiert das* *jetzt ausgerechnet mir?*"). Diese Reaktionen sind verständlich und bewegen sich völlig im Bereich des Normalen.

Auf lange Sicht haben allerdings jene Menschen eine deutlich höhere Lebensqualität, die in der Lage sind, selbst in den schlimmsten Ereignissen ihres Lebens noch einen positiven Aspekt zu entdecken. So wie einige der Überlebenden, die 2004 den Tsunami in Thailand oder 2005 den Hurricane Katrina überstanden haben, im Anschluss an das erschütternde Ereignis bewusster leben wollten. Wer erkennt, dass das Leben praktisch jeden Tag vorbei sein kann und dass Sicherheit manchmal eine liebgewonnene Illusion ist, der setzt seine Prioritäten neu. Verbringt seine Zeit mit Tätigkeiten, in denen er einen Sinn sieht, und mit Menschen, die ihm wirklich wichtig sind.

Wissenschaftler bezeichnen dieses Phänomen als *post-traumatisches Wachstum.* Bei Krebs- und Schlaganfallpatienten wurde es bereits mehrfach systematisch in Studien erfasst. Auf lange Sicht steigert die kognitive Auseinandersetzung mit einem Schicksalsschlag oder einer Krisenphase deutlich die Wahrscheinlichkeit, daraus mit gewachsener Persönlichkeit hervorzugehen. Obgleich man die Antwort auf ein „*Warum?*" vielleicht nie erhält, kann man sich selbst hoffentlich irgendwann die Frage nach dem „*Wozu?*" beantworten.

Natürlich hoffen wir, dass Sie bislang von allen Schicksalsschlägen verschont worden sind. Doch scheuen Sie sich angesichts „schwererer" Leidenswege nicht davor, auch Ihren Renteneintritt als kleine Krise zu begreifen. Auch hier hilft das Gefühl von Kohärenz, dem Sie mit den folgenden Fragen auf die Spur kommen können:

- Was hilft mir alltäglich, das Leben als verstehbar, handhabbar und sinnhaft zu betrachten?
- Was konkret kann mir in belastenden Situationen dabei helfen?

- Wo ist es mir in früheren Stress-Situationen gelungen? Wie habe ich das damals geschafft?
- Wie würde ein Mensch mit hohem Kohärenzgefühl wohl meine aktuelle Situation sehen? Was davon kann ich für mich übernehmen?
- Welche Ressourcen und welche Menschen in meiner Umgebung fördern mein Kohärenzgefühl – im normalen Alltag und wenn es gerade sehr schwierig ist?

Betrachten Sie einmal Ihre Biografie: Gab es darin Ereignisse, die Sie bis heute nicht akzeptieren können? Das Ende einer Beziehung? Den Tod eines Angehörigen? Oder eben den Verlust Ihrer Arbeitsstelle durch den Eintritt in den Ruhestand?

Stellen Sie sich einmal die Frage, welches positive Element in Ihrem heutigen Leben nicht erschienen wäre, wenn Sie diese schmerzvolle Erfahrung nicht hätten machen müssen. Selbst wenn Ihnen das Gewonnene im Vergleich zum Verlust unvergleichlich klein erscheint – machen Sie es sich bewusst. Auf diese Weise trainieren Sie sich, den roten Faden in Ihrem Leben zu erkennen, der auch in Zeiten von Umbrüchen oder im Ringen um neue Sinn-Inhalte niemals abreißt.

Deutschsprachige Erstausgabe im September 2019

Andreas Bergmann wird vertreten durch:
Anna Wulschner
Wilhelmstal 5
24768 Rendsburg

Covergestaltung: Wolkenart Marie Katharina Wölk
www.wolkenart.com

ISBN: 978-3-9821301-0-1

ISBN 978-3-7502-4748-2
9 783750 247482 00001
www.epubli.de